Well-beingな クラスになる♪ 5分あそび

編著 樋口万太郎・神前洋紀

学陽書房

はじめに

　本書を手にとっていただき、ありがとうございます。

　本書を手にとったあなたは、

- 学級でのトラブルをできるだけ減らしたい
- ルールを大切にし、授業も休み時間も仲よく雰囲気のよい学級にしたい
- 想像力、発想力豊かで思いやりあふれる学級にしたい
- 目標に向かってもっと粘り強く取り組み、集中力を発揮する学級にしたい
- 先生ばかりが頑張るのではなく、子どもたちの主体性を引き出したい

といったことを考えたのではないでしょうか。

　まさに、本書のタイトル「Well-being」なクラスを目指しているといえます。Well-being とは、「一人一人の多様な幸せと社会全体の幸せのこと」を示しています。子ども一人ひとり、それぞれが幸せでなくてはいけません。そして、教室全体、教室のみんなが幸せになることを目指していく必要があります。

　みんな幸せというと「みんなハッピー！！！」というような印象をもたれるかもしれませんが、まずは「なんだか今日も学校楽しかったな…」という小さな幸せを感じるところからスタートしてみませんか。小さな幸せの積み重ねがいずれ大きな幸せとなってきます。

　そんな「Well-being」なクラスになるためには、なにか仕掛けが必要です。その仕掛けとなるのが、本書で紹介する「５分あそび」です。

　たった５分で…、あそびで…。そんなことを最初は、思われたかもしれません。しかし、「一銭を笑う者は一銭に泣く」という故事があるように、「５分を笑う者は５分に泣く」と私は考えています。

　あそびをする時間がない！という声も聞こえてきそうです。確かに、今

の教育現場は忙しいです。でも、スキマ時間で構いません。取り組んでみてください。成果は保証します。そして、毎日とは言いませんが、週に1回でいいので、継続的に取り組んでみてください。継続的に取り組むことで効果が表れます。

　本書のあそびには、前著『仲よくなれる！　授業がもりあがる！　密にならないクラスあそび120』（学陽書房、2021）と同様に

①「ここにいてもいいんだ」（心理的安全性）

②「友だちっていいな」（つながり感）

③「よし、やるぞ！」（やる気スイッチ）

④「もっとやってみたい！」（モチベーション）

という4つの気持ちをクラスあそびを通して子どもたちに感じてほしいと願い、あそびを集めました。

　そして、それらの遊びを

1章では、みんなすぐ笑顔になれる！　心がつながり仲よくなれる5分あそび

2章では、パッと雰囲気が変わる！　クラスが盛り上がる5分あそび

3章では、グッと子どもの集中力が高まる！　授業中にできる5分あそび

4章では、スキマ時間でできる！　発想力・想像力を広げる5分あそび

5章では、授業導入で使える！　楽しい教科の5分あそび

に分類・整理をしました。

　最後になりましたが、企画をいただいたときからあたたかく見守っていただき、出版に至るまでお力添えいただきました学陽書房の山本聡子氏には大変お世話になりました。この場を借りて心よりお礼申し上げたいと思います。

　さぁ、「Well-being」なクラスを目指し、あそんでいきましょう。そして、先生自身も「Well-being」になれるように願っています。

樋口万太郎・神前洋紀

本書で大事にしたいこと
「あそびがWell-beingなクラスづくりにつながる」

　本書では、クラスあそびを通して、子どもたちに感じてほしい４つの気持ちがあります。

①「ここにいてもいいんだ」（心理的安全性）

　子どもが、クラスに自分の居場所を感じられることが最優先です。そのためには、「あなたもクラスの一員だよ」「ありのままで大丈夫だよ」と感じられるようにすることが大切です。そこで、どんな子でも参加でき、間違っても大丈夫な雰囲気づくりに役立つあそびを考えました。

②「友だちっていいな」（つながり感）

　子どもは居場所が確保できたら、自分と共通点のある子とつながりたくなるはずです。そこで、共通点や似ていることを見つけたり探したりできるあそびを考えました。そこで、友だちのよさや魅力にも気付くことができるでしょう。

③「よし、やるぞ！」（やる気スイッチ）

　「休み時間と授業の区別がつかない」という悩みをよく聞きます。そこで、学習の切り替えができるあそびを考えました。授業のスタートにクラスあそびを取り入れることで、子どもたちのやる気を引き出すことができるでしょう。

④「もっとやってみたい！」（モチベーション）

　「あそんでいたつもりがいつのまにか学んでいる」と、あそびと学びをつなげることができるようになっています。ルールをアレンジしやすいあそびが豊富です。子どもたちは、繰り返しやっても飽きずに、自ら進んであそび、学ぶことができるでしょう。

　これら４つを意識することで、安定し、かつ楽しい Well-being なクラスづくりができます。さあ、さっそく、クラスあそびをやってみましょう。

もくじ

もくじの見方

・あそびの場所について：教室＝印なし、教室でできるがオンラインでもできる＝オ、校庭＝校、体育館＝体、音楽室＝音と表示しています。

・あそびに適した学年層：低学年＝低、中学年＝中、高学年＝高、全学年＝全と表示しています。

第1章　みんなすぐ笑顔になれる！心がつながり仲よくなれる5分あそび

みんなであそぼう！

グループ・ペアであそぼう！

第2章　パッと教室の雰囲気が変わる！クラスが盛り上がる5分あそび

みんなであそぼう！

グループ・ペアであそぼう！

グッと子どもの集中力が高まる！授業中にできる5分あそび

第**3**章

みんなであそぼう！

第4章 スキマ時間でできる！発想力・想像力を広げる5分あそび

みんなであそぼう！

第5章 授業導入で使える！楽しい教科の5分あそび

図工

音楽

体育

家庭

※本書のあそびの紹介ページでは、あそび名の上に、あそびに適している場所と、何人であそぶのに適しているかを示しています。

※本書のイラストではあそびのシーンでもマスクをつけていない子どもたちが登場しています。これはあくまで本の中でイラストの子どもの表情などを大切にするためです。
実際には新型コロナウイルスやインフルエンザ等の感染拡大時などは、子どもたちがマスクをつけ、ソーシャルディスタンス等を取り、感染しない対策を行って、本書のあそびを楽しんでいただければ幸いです。

第 **1** 章

みんなすぐ笑顔になれる！

心がつながり
仲よくなれる
5分あそび

考えるほどややこしい！

🌑 あべこべポーズ

ねらい 身体を使うあそびで、アイスブレイクに最適です！
身体を動かしてみんなで笑いあえるあそびです。

あそびかた

先生

はじめのことば
今からあべこべポーズをします。出された問題に、逆のポーズで
答えるあそびです。正しい回答が丸なら身体はバツ、回答がバツ
なら身体はマルでポーズをとりましょう。全員立ちましょう。間
違えたら席に座ります。間違えてしまっても、座ったままで続け
てやってみてくださいね。

正しい回答ならポーズはバツ　　　　回答がバツならポーズはマル

1 ためしにやってみる

　それでは、やってみます。3 + 5 = 8

　まる！（身体はマルのポーズ）

　じゃないよ、身体はバツのポーズだよ！

2 ゲームをスタートする

 それでは本番です。このクラスは 30 人です。

 ま、あっ、バツ

 引っかかった人は、座りましょう。それでは第 2 問。

(中略)

 はい、終わりです。最後まで残った人に拍手をしましょう。

3 ふりかえりをする

 答えはわかっていても、身体が間違って反応してしまうよ！

子どもが楽しく ワクワク するコツ！

- ●簡単な問題例：みんながいるのは小学校である。
- ●難しい問題例：世界の人口は約 80 億人である。
- ●雑学から教科の学習まで、幅広くクイズを楽しむことができます。子どもたちに問題を作ってもらいストックしておくことで、スキマ時間に気軽に遊ぶことができます。

どんな言葉に変わるかな？

❷ てんまるナッシング

ねらい お互い全然知らない子ども同士でも、語感がおもしろくて思わず笑ってしまう！　アイスブレイクにすぐ使えるあそびです。

あそびかた

はじめのことば
今からてんまるナッシングをします。出されたお題から、点や丸をとって読むあそびです。たとえば、「餃子」なら「きょうさ」、「ペットボトル」なら「へっとほとる」に変えて読みます。

先生

1 みんなでやってみる

プロペラ！

ふろへら！

ぶんぼうぐ！

ふんほうく！

2 お題を考える

30秒間、自分が出す言葉を考えましょう。

③ ペアでやってみる

お題を出されたら、なるべく早く答えられるよう頑張ってくださいね。1問交代で30秒間ペアでやってみましょう。

ゼリー

セリー

ランドセル！

ラントセル！

はい、終わりです！

④ ふりかえりをする

意外とてんまるがつく言葉っていっぱいあるな。

ちょっと引っかかりそうだったけど、
なんとか言えてよかった。

子どもが楽しく ワクワク するコツ！

●お題例：図画工作。プリペイドカード。バドミントン部。バグダッド。ドッジボールなど。

意外と勝てない！

⭐③ ダブルじゃんけん

ねらい アレンジしたじゃんけんで、クラスを歩き回り、いろんな人とペアになってコミュニケーションを図るあそびです。

あそびかた

先生

はじめのことば
今から、ダブルじゃんけんをします。
両手でじゃんけんをして、両手で勝つまで続けるあそびです。

1 ルールを説明する

教室を歩き回り、合図があったらじゃんけんをします。右手と右手、左手と左手の勝負です。両手が勝つまであいこを繰り返します。

2 やってみる

よーい、スタート！
（適当なタイミングで止める）
ストップ！　近くにいる人とダブルじゃんけんをしましょう。

さいしょはぐー、じゃんけん、ぽん。

右は勝ったけど、左は負けだ！

よく聞いて、すばやく動こう！

★④ 英語でフルーツバスケット

ねらい　友達と楽しく英語にふれあってあそぶ、とにかく楽しいあそびです。

あそびかた

先生

はじめのことば
英語でフルーツバスケットをやってみましょう！　出席番号1〜5はApple、6〜10は……。自分のフルーツが呼ばれたら席を移動し、座れなかった人が次の鬼になります。最初の鬼は、○番の人にやってもらいます。それでは鬼さん、どうぞ！

1 やってみる

Apple！

みんな

（Appleの人は動く）

2 ふりかえりをする

どんな言葉が出てきましたか？

Apple！　Banana！…

子どもが楽しく ワクワク するコツ！

●高学年では、「Boys with glasses」や「Girls who had breakfast today」などのように、対象を絞り込むと難易度がアップします。

動かない友達を探せ！

⭐5 アイスマンは誰だ

ねらい 動かないアイスマンを探し、友達のことをじっくり観察。
お互いの動きを見合ってあそぶ機会になります。

あそびかた

先生

はじめのことば
クラスの中から、動きが変えられないアイスマンを見つけるあそびをします。まず最初にアイスマンとハンター役を1人ずつ決めます。ハンターは30秒以内にクラスの中にいるアイスマンを探し当てましょう。ハンターはみんなに背を向け、「アイスマンは誰だ？」と言いながらふりかえります。この時、アイスマンはポーズを全く変えず、アイスマン以外の人は毎回ポーズを変えます。

1 役割を決める

次のことを決めます。
①ハンターを1人決める
②ハンターは一度廊下に出る
（アイスマンが誰かわからないように）
③アイスマンを決める

2 1回目をやってみる

それでは、最初のポーズをとりましょう。

みんな

（ポーズをとる）

では、ハンターが教室に入ります。
ハンターは、アイスマンを探し当てましょう。

 アイスマンは誰だ？

アイスマン役の人

 （ポーズを変える）（アイスマンは同じポーズ）
みんな

 アイスマンは誰だ？

 （ポーズを変える）（アイスマンは同じポーズ）
みんな

 全然、わからないんだけど！

③ 2回目をやってみる

 アイスマンは誰だ？

 （ポーズを変える）（アイスマンは同じポーズ）

 あ、わかった！　武田さんだ！

 正解です！

※ハンターがアイスマンを見つけるまで繰り返す。

先生のことを楽しく知る！

6 先生の脳内漢字メーカー！

ねらい 新年度、教師の自己紹介に使うのにぴったり！
低学年には絵やひらがなを使ってもいいでしょう。

あそびかた

先生

はじめのことば
自己紹介のために今から先生の脳内を公開します！　果たして何
を考えているのでしょうか？

1 脳内を示す

さあ、どうでしょう？　ヒントは「都道府県」です。
答えは10秒後に発表します。

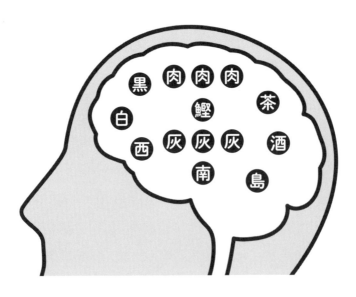

② 解答発表をする

 10秒経ちました。正解は先生の出身地の「鹿児島県」です。

 なるほど！

 え、どういうこと？

③ グループでふりかえりをする

 桜島があるから「島」と「灰」でしょ？

 え、「黒」はわかるけど、「白」って何？　全然わかんないんだけど！

 鹿児島は「島」も多いし、お「酒」もお「茶」も有名だよね。

 「西」は西郷隆盛？　え、「南」は？

子どもが楽しく ワクワク するコツ！

● 教師の自己紹介として、好きな食べ物などいろいろアレンジできます。
● 教師が解答の解説をする前に、子どもたちに解説してもらっても盛り上がります。

名刺で友達の輪を広げよう

★ 7 私こういうものです

ねらい 名刺を渡し、友達に名前を覚えてもらうあそびです。
歩き回るので身体も動かせて、アイスブレイクにもぴったりです。

あそびかた

先生

はじめのことば
今から名前カードの交換をします。1人につき5枚紙を渡します。
その紙に自分の名前と誕生日を書きましょう。そして、その紙を
交換し合いましょう。交換する時は、
渡す時→「私は○○といいます。誕生日は○月○日です」
もらう時→両手で「頂戴いたします」
と言いましょう。ではやってみましょう。

1 やってみる

 私は○○といいます。
誕生日は○月○日です。

 頂戴いたします。

 私は○○といいます。
誕生日は○月○日です。

 頂戴いたします。

2 ふりかえりをする

 初めて同じクラスになった人とも交換することができました！

※時間があれば、タブレット端末で子ども自身が名刺を作ってもいいでしょう。
　好きなものや、はまっていることを言うなどでも盛り上がります。

友達と協力して俳句を作ろう！

★8 俳句 HIKE

ねらい 子ども同士でいろんな子と協働的に言葉を楽しむあそびです。

あそびかた

先生

はじめのことば
今日はみなさんに俳句名人になってもらいます。1人に2枚の短冊を用意します。1枚は5文字の言葉（柿食えば、古池や　など）、もう1枚には7文字の言葉（雷様の、まぶたの上の　など）の言葉を直感で気楽に書きます。その2枚の紙を持って教室を歩き回り、2人や3人で言葉を合わせて俳句を作ります。素敵な句やおもしろい句になるように歩き回りましょう。ではやってみましょう。

1 やってみる

「めざましの」と「においがいいな」にしよう。

私の書いた言葉と合わせたらおもしろそうだね！
「めざましの」「中にいるのは」

ん？　そうしたらどんな俳句になるのかな？

「めざましの　中にいるのは　おかあさん」ってなるね。

たしかに！
うちのおかあさんは目覚ましみたいに起こしてくる（笑）

どんどん言葉をつなげよう！

★9 2文字しりとり

| ねらい | 子どもの大好きなしりとりをするあそびです。子どものあそびのレパートリーが増やせるあそびです。 |

あそびかた

はじめのことば
2文字しりとりは、おしりの2文字をとってしりとりするしりとりです。ペアで1分間やってみましょう。

先生

1 ルール説明をする

「しりとり」→「とりかご」
次はどんな言葉にしたらいいですか？

かごめ！

2 やってみる

さあ、2文字しりとりをやってみましょう！

子どもが楽しく ワクワク するコツ！

● 濁音や半濁音、清音（濁点なし）、長音は、おしりの3文字をとる、最後の1文字にするなどのルールを決めておくとよいでしょう。

最後の人にわかりやすく伝えよう！

10 一筆書きリレー

ねらい みんなで一筆ずつ絵を描くリレーをすることで、おもしろくて盛り上がり、連帯感を感じられます。

あそびかた

先生

はじめのことば
先生がお題を出します。出されたお題を前から順番に一筆書きで描いていき、1分以内に列の最後の人に伝えます。最後の人はお題を見ないように目をつぶりましょう。1分経ったら、最後の人は何を描いたか答えます。

1 全体でやってみる

お題はこれです。（紙に書いたお題を見せる）よーい、スタート！

2 グループごとに確認する

1分経ちました。お題は何でしょう？　せーの！

各列の最後の人

○○！
（書いたものの推測）

正解は、○○です！

3 ふりかえりをする

次はどんなお題でやると楽しそうですか？

相手の心が読めちゃう？

⭐11 ジャナイ4

ねらい グループで協働して、運と戦略を楽しむあそびです。

あそびかた

先生

はじめのことば
4人組を作ります。1〜4までの数字を指で表して、同時に出します。全員が違う数字を出せたら終わりです。出るまで続けます。では始めます。

1 やってみる

 みんな違う数を出してよー！ いくよ、せーの！ （4124）

 あーなかなか揃わないね〜。もう1回、せーの！ （1234）

 わ、揃った！ やった！

2 ふりかえりをする

 相手の心を読むことができましたか？

 いくら予想しても、なかなかできなかったです。どうやったらうまくいくかな。

相手のキャップを机から落とそう！

⭐12 Bottle Cap Shot

ねらい 友達とあそびながら力加減と戦略を学ぶあそびです。

あそびかた

はじめのことば
Bottle Cap Shot をします。ペットボトルキャップを弾いて相手のキャップを机から落とすあそびです。両方落ちた場合、前の場所から相手ターンでスタートします。それではやってみましょう！

先生

1 やってみる

 勢いがよすぎて自分のキャップも落ちてしまった！

やり直しだね。もう1回！

よっしゃ！　今度はうまくいった！

2 ふりかえりをする

 力加減が大切ですね。弱すぎると相手から狙われますよ！

※キャップはきれいに洗浄したものを使用してください。

どんどんいいこと伝えよう！

⭐13 教室の中心で愛を叫ぶ

| ねらい | 相手のいいところを伝え合うことで、心のつながりを深めます。オンラインの場合はチャットに書き出すあそびにしましょう。 |

あそびかた

先生

はじめのことば
今から隣の友達のいいところやすてきなところを出し合います。外見ではなく、性格や行動からほめる言葉を伝えるようにしましょう。30秒で何個伝えられるでしょうか？ 早速やってみましょう。

1 やってみる

> 樋口さんのいいところは、みんなに優しくできるところです。それから堂々と話ができるところです。

> 30秒経ったので、交代しましょう。

> 井上さんは、ぼくがけがした時に保健室に連れて行ってくれたよね。

2 ふりかえりをする

> やってみて、どんな気持ちになりましたか？

> 言う時も言われる時も少し恥ずかしいけど、うれしかった。

運と実力、どちらも必要！

14 みんなでボトルフリップ

ねらい グループで相談しながら楽しみ、連帯感を育みます。

あそびかた

先生

はじめのことば

今から、水が 1/3 ほど入ったペットボトルをグループに 1 本配ります。みんなはこのペットボトルのキャップ部分を持って空中で一回転させてまっすぐ立って着地するように投げ、まっすぐ立てられるか挑戦します（みんなにボトルフリップの動画を見せるか、先生が見本を見せる）。

1 ルールを説明する

どうやったらうまくいくか、グループで 相談しながらやってみましょう。投げられるのは 1 人 1 回ずつで、投げたら次の人に交代します。

2 グループでやってみる

それでは早速やってみましょう。立てられた人やコツをつかんだ人は、グループのメンバーにどんどん教えてあげてくださいね。

投げる時、手を少し自分の方に引くようにするといいよ。

※ボトルフリップの動画はたくさんあるので、参考動画を見せるとイメージがしやすいです。
　https://www.youtube.com/watch?v=GdUVtEeg9I4
　Senior Talent Show Water Bottle Flip AK 2016
※ボトルはきれいに洗浄したものを使用してください。

嘘を入れながら大好きなものを紹介しよう！

★15 **嘘はど〜れだ！**

ねらい	好きなものを説明する表現力を養います。 隣の友達の好きなものを知り、つながりを深めます。

あそびかた

はじめのことば
今から嘘を見破るゲームをします。

先生

1 ルールを説明する

①まず、好きな物事を2つ。そうでもないことを1つ決める
②みなさんは、そうでもないこと1つも好きなふりをする
③隣の人に、その3つを紹介し好きな理由と魅力を伝える
④隣の人は、好きではない1つを見抜く
⑤1人が終わったら役を交代しましょう。

2 お題を決める

紹介する人は見抜かれないように、
早速嘘を含め3つを決めましょう。

3 やってみる

 3つが決まったら、隣の人に紹介します。

 私は「納豆」が大好きです。あのネバネバがご飯と相性抜群！　もう1つは「サッカー」で……。もう1つは「犬」で……。さあ、どれが嘘でしょう？

 う〜ん…「納豆」！

 残念！　正解は「サッカー」でした！

（役割交代）（中略）

 嘘をうまく突き通せましたか？

4 ふりかえりをする

 嘘を考えるのは難しかったです。

 嘘を考えるより、見抜く方が難しかったかな。

友達のイメージを漢字1文字で表そう！

⭐16 Your KANJI

ねらい 友達のよいところを見つけ、互いを知り合うあそびです。

あそびかた

先生

はじめのことば
今から班の1人に白い紙へ班の友達を1人イメージした漢字1文字を書いてもらいます。書いた人以外は、その人がその漢字にした理由を聞き、だれを表した漢字か当ててみてくださいね。

1 やってみる

 どんな漢字にしようかなぁ。じゃあ、これにする！

 どうしてその漢字にしたのですか？

 授業中よく発表するし、係では何でも発明するから「発」に。

 あ、わかったよ！　○○くんだね！

2 ふりかえりをする

 どのような漢字で表されていましたか？

 「発」でした。自分を見てくれている友達がいてうれしいです！

目だけでも伝わる？

★17 喜怒哀楽どれだ？

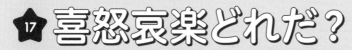

| ねらい | 目だけで感情を伝え、感情を表現する力を豊かにします。クラス内にマスクの子がいても一緒にできるあそびです。 |

あそびかた

先生

はじめのことば
目だけで相手に気持ちを伝えるあそびをします。ペアで行います。片方の人は喜怒哀楽の中から気持ちを選び、鼻から下を隠して目だけで相手に伝えます。もう片方の人は、どの感情なのかを当てます。当てられたら感情を伝える側を交代します。

1 ペアでやってみる

相手の気持ちをうまく読み取れるでしょうか？
それではやってみましょう。

2 ふりかえりをする

みんなはどうやって気持ちを伝え、読み取りましたか？

子どもが楽しく ワクワク するコツ！

● 喜怒哀楽以外に、絵文字などを利用して表情のバリエーションを増やすとあそびの幅が広がります。例：驚き。痛み。苦しみ。眠い。幸せ。
● オンラインの場合は、わかった気持ちを紙に書いて画面に映すゲームにすると、声の聞き取りにくさの問題が起こらずやりやすいでしょう。

すばやく質問し合おう！

⭐18 YesでGo！Noでドボン

ねらい かんたんな質問でアイスブレイクにぴったり！
また、質問し合うことを通してお互いを知り合うことができます。

あそびかた

先生

はじめのことば
相手が「はい」で答えられる質問を考えます。「いいえ」と言われたら、そこで終了です。15秒間「いいえ」と言われないように、できるだけ多くの質問をしてみましょう。

1 全体でやってみる

あなたは4年2組ですか？

 はい！
みんな

給食は食べたことありますか？

 はい！
みんな

宇宙人ですか？

 いいえ！
みんな

こうなったら終わりです。これをペアでやっていきましょう。

② 流れを示す

流れはこうです。
①じゃんけんで勝った方から質問
②15秒間質疑応答
③役割交代
④15秒間質疑応答
⑤両方終わったらペアで感想共有
もし途中でドボンになってしまったら、感想共有をするか次の質疑応答に備えて準備をしましょう。それでは、10秒後にスタートします！

③ ペアでやってみる

 消しゴムは筆箱に入ってますか？　 はい！

 今日は7時半までに家を出ましたか？　 はい！

（15秒終了後役割交代）

 カレーは好き？　 いいえ！　辛いの苦手なの。

 まさかカレーが好きじゃないなんて思わなかったよ。

子どもが楽しく ワクワク するコツ！

- ●ペアで質問数を合算し、全体で質問数を競わせてもよいです。また、ある個数で役割を交代し、時間を競ってもよいです。
- ●質問テーマや質問形態を限定してもよいです。
  　質問テーマ例：食べ物　　質問形態例：「〜を知っていますか？」
- ●逆に「Yesでドボン！　NoでGo」でも実施可能です。

宝物をすばやく運ぼう！

⭐19 宝運びリレー

ねらい リレーでグループの結束力を深めながら、一緒に戦略を考えることを楽しむあそびです。

あそびかた

はじめのことば
宝運びリレーをします。スタートに置いてあるフラフープに入っている5つのボールを、ゴール地点にあるフラフープに5つとも運びましょう。早くゴールしたチームが勝ちです。

先生

1 ルールを説明する

ルールは2つだけです。
①ボールは必ず1つずつ運ぶこと。
②メンバー全員が必ず一度は触ること。

ゴールのフラフープ

↑ ゴールのフラフープにスタート地点から
ボールを運ぶ

スタートの位置

2 やってみる

どのチームが早く運べるでしょうか？
それでは準備はいいですか？
よーいスタート！

がんばれ～！　落ち着いて～！

お、速い速い！

即興３コマまんが作成！

⓴ タブレットde ３コマまんが

ねらい	ペアで写真を撮り合い、写真に吹き出しを書き込んで、３コマまんが作りを楽しむあそびです。

あそびかた

先生

はじめのことば
３コマまんがを作ります。その前にペアになってお互いに写真を撮ります。座っているところ、立っているところなど思い思いに適当に３枚写真を撮ります。その後に各自で吹き出しや効果音などを書き込んでみましょう。

1 ペアで写真を撮り合う

30秒以内に写真を３枚撮り合います。
撮り終わったペアから、作品作りをスタートしましょう。

2 個人で活動開始

最後の場面で、宇宙にしよう！

3 作品を共有する

○○さんの作品、急に最後の場面が宇宙になっていてすごい！

※時間内に３コマを作るのが難しい場合は、ペアで一緒に残りのコマを作ってみる時間を入れることで、個人では作品が完成していない場合でも楽しく活動することができます。

友達の好きなことを想像しよう！

★21 ズバリ！これが好きでしょ!?

ねらい 友達の好きなことを想像し合うことで、仲が深まるきっかけになります。

あそびかた

先生

はじめのことば
マスターが好きなことを想像して答え、一番合っていると選ばれると優勝です。グループでマスターを1人決めましょう。たとえば、お題が『動物』だとしたら、マスターが好きそうな動物を想像し回答します。そのときに理由も伝えてください。

1 やってみる

ぼくのお題は『好きな料理』です。あててみてね。せーのっ！

揚げパン！

カレー！

この前の給食じゃんけんで本気で悔しがっていたからです。

うーん…、揚げパン！　学校でしか食べられないのが逆に貴重だから揚げパンにしました！

2 ふりかえりをする

友達の新しい気付きがありましたか？

第2章

パッと教室の雰囲気が変わる！

クラスが盛り上がる
5分あそび

紙飛行機を無事に着陸させよう！

★22 紙飛行機ランディング

ねらい パッと雰囲気を変えたいときに！
手と身体を使って、みんな笑顔になること間違いなし！

あそびかた

はじめのことば
紙飛行機を作って飛ばし、教室の真ん中から前の黒板まで届いた人の勝ちです。

先生

1 やってみる

 力を入れすぎると遠くまで飛んでしまうなぁ。

 狙ったところに着陸させるのは難しいな。

 くるくる円を描くように回りながら飛んだよ！

 ふわっと飛ばしたら止まるかも！　ほら！　できた！

2 ふりかえりをする

 無事着陸させるためにはどうすればいいですか？

 飛ばし方だけでなく、紙飛行機の形にもこだわりたいです！

 どんな紙飛行機だったら着陸しやすいかな。

バラバラのひらがなを並べ替えよう！

⭐23 ワードシャッフル

ねらい ちょっと気分転換したいときに♪
言葉あそびで脳もリセットできるあそびです。

あそびかた

はじめのことば
今からワードシャッフルをします。スライドに映し出されるひらが
なを並べ替えて言葉を作ってください。

先生

1 やってみる

え・ゆ・ん・う・ち

え、え？

ゆうえんち！

2 ふりかえりをする

文字をもっと増やしてもできそうですか？

できそうです！　このあそび、ペアワークでもできそうです！

どんな絵になるかな!?

★24 デジタル福笑い

ねらい	思わず笑ってしまうあそびです。 タブレット操作への慣れ親しみを感じる効果も♪

あそびかた

先生

はじめのことば
今から、デジタル福笑いをします。目をつぶってタブレットで絵を描くあそびです。まずは15秒間やってみましょう。

1 1回目をやってみる

うわ、うまく描けてる気がしないよ。

1回目終了です。描いたものを見てみてください。

2 2回目をやってみる

それでは次が本番です。時間は30秒間です。よーい、スタート！

子どもが楽しく ワクワク するコツ！

● 作業中に「色を変える」「消しゴムで少し消す」などの指示を付け足すと、難易度が上がり盛り上がります。

どんな絵が完成するかな？

⭐25 目隠し絵描き歌

ねらい 正確さ以上に、描くことを楽しむあそびです。

あそびかた

はじめのことば
絵描き歌を聞いて、目隠ししながら絵を描きます。うまさよりも、完成時のイメージとのギャップを楽しんでみましょう。

先生

1 やってみる

それでは目を閉じてください。
動画の音が聞こえてきたら、描き始めましょう。
※ https://youtube.com/watch?v=WsGnEjr-mF4
（参考動画「どうぶつの絵描き歌【いぬさん編】）
♪　まあるいお皿がありました〜　♪

 全然わからないよ〜。

 あ、犬だったんだ！

2 ペアや全体で共有する

自分のイメージしたように描けていましたか？

※間違いや失敗を恐れ、書く・描くことへの苦手意識を持っている子が多い場合こそ、授業の導入でやってみることで、だんだんと書く・描くことへの抵抗感が減っていきます。共有の際は他者との比較ではなく、あくまで自分が思い描いたイメージとのギャップを楽しむことに比重を置くことを念押ししましょう。

首がぐるぐる、目が回りそう！

⭐26 あっち見てこっち見て

ねらい 指示された方向を聞き、すばやく行動するあそびで、気分がパッと切り換わります！

あそびかた

先生

はじめのことば
今から、あっち見てこっち見てをします。言われた方向をすばやく向くゲームです。上に北極、下に南極、右にアメリカ、左にイギリスがあります。しっかり覚えてくださいね。聞こえた地名の方向をすばやく向きましょう。

1 やってみる

ではやってみましょう。アメリカ！　　　（右を向く）
みんな

南極！　　（下を向く）
みんな

2 ふりかえりをする

やってみてどうでしたか？

どこを向けばいいかわからなくなりそうになった！

※スピードを上げるともっとおもしろくなります。

あれ？　どこにいった？

⭐27 どこどこカップス

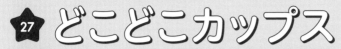

ねらい　紙コップの動きをよく見て、動体視力を鍛えるあそびです。

あそびかた

先生

はじめのことば
紙コップが３つあります。どれか１つのコップに、１つ消しゴムを入れてひっくり返します。すばやく動かすので、どこに移動したか当ててください。

1 やってみる

最初右に行って、その後真ん中に行ったと思うから…アレ？

2 ふりかえりをする

もっと紙コップの数を増やしても、
正解できそうですか？

４個ならいけると思います！

少し難しいかもなぁ。

手元を見ないで紙飛行機を作ろう！

28 Blind Airplane

ねらい 紙飛行機作りを通して、手元の感覚を研ぎ澄まし、楽しむあそびです。

あそびかた

はじめのことば
折り紙を1枚配ります。手元を見ずに、机の下で紙飛行機を作ります。出来上がった紙飛行機が無事に飛べば成功です。

先生

1 紙飛行機を作ってみる

手元を見ずに紙飛行機を作ってください。

あれ？　今どんな形になっているんだっけ？　わかんない！

2 紙飛行機を飛ばしてみる

お、飛んだ！　やったー！

え、なんで飛ばないの⁉

3 ふりかえりをする

無事、飛ばすことができましたか？

自分が決めた形だけで勝ち進もう！

★29 Secret Janken Train

ねらい カードに書いたじゃんけんの1つの形だけで勝ち進むあそびです。どんどん友達とつながって楽しめます。

あそびかた

先生

はじめのことば
カードにじゃんけんの手を1つだけ書きます。相手を探し、カードでじゃんけんし、勝った方の肩に手を乗せて列車を作ります。あいこだった場合、普通にじゃんけんします。カードは他の誰にも見られないようにこっそりと見せるようにしましょう。

1 やってみる

では始めます。カードを信じて突き進め！ Secret Janken Train ！

（スタートする）

同じ手しか出せないから、
できるだけばれないようにしなきゃ！

2 ふりかえりをする

1つの手で勝負することでドキドキ感がありますね。

混乱せずに手を動かそう！

★30 **グーパーチェンジ**

ねらい グーとパーを交互に前に出す動きで、頭の回転を速くするあそびです。

あそびかた

先生

はじめのことば
今からグーパーチェンジをします。グーとパーの手を交互に前に出すあそびです。

1 ルールの確認をする

①両手を交互に前に出します。
②片手を前に出している時、もう片方の手は胸に置きます。
③前に出す手はパー、胸にある手はグーにします。
④先生の「はい」の合図で前と後ろを入れ替えます。この時、前に出した手をパーに、胸に置いた手をグーに変えます。

2 ためしにやってみる

少し練習してみます。最初のポーズをとりましょう。はい！

（④）の動き

はい！

これは簡単だ！（④の動き）

③ 追加ルールを確認する

ここでルールを追加します。「交代」という合図があったら、前の手をグーに、胸の手をパーに切り替えます。

え、これは引っかかりそう…

④ ためしにやってみる

これも練習してみましょう。
はい、はい、はい、交代！　はい、はい、はい…

うわわ、混乱してきたぁ…

⑤ ふりかえりをする

ルールを追加されたら一気に難しくなったよ。

だんだん慣れてきて、意外といけたよ！

一番運がいい人は誰だ？

31 ニブイチ

ねらい 教師の動きに集中し、直感と運を楽しみます。

あそびかた

先生

はじめのことば
今から先生は、身体の後ろでどちらかの手に消しゴムを隠します。
先生の消しゴムがどちらの手に入っているか、直感で答えてください。それでは、全員立ちましょう。正解したら立ったまま、間違えたら席に座ります。

1 1回目をやってみる

（身体の後ろでどちらかの手に消しゴムを隠す。たとえば「右」）
どっちの手？
（「手？」と言うタイミングで握った両手を前に出して子どもに見せる）
右だと思う人？（挙手）
左だと思う人？（挙手）
正解は… 右です！

2 2回目をやってみる

座った人も続けて予想してくださいね。
では2回目をやってみましょう。

※復活する機会を挟むと、間違えた人も集中して取り組めます。

出席番号でビンゴゲーム！

★32 座席DEビンゴ

ねらい ビンゴで、ドキドキワクワクを楽しみます。

あそびかた

先生

はじめのことば
座席 DE ビンゴというゲームをします。出席番号が書いてあるくじを引き、読み上げられたらその番号の人が新たなくじを引いて次の番号を読み上げます。この繰り返しでビンゴを目指します。それでは早速やっていきましょう。

1 やってみる

 8！   17！

 あともう少しでビンゴだ！　6 きて！

2 ふりかえりをする

 やってみてどうでしたか？　ペアで共有しましょう。

 揃うかどうかドキドキした。

 揃ったら快感！

Googleフォームでアンケート！

★33 いきなりアンケート

ねらい アンケート結果予想のワクワク感を楽しむあそびです。

あそびかた

先生

はじめのことば
今から Google フォームでアンケートに答えてもらいます。
その結果をみんなで予想してみましょう。

1 やってみる

外遊びが好きかどうかまず回答してください。
好きな人は何人くらいいる？

（Google フォームでアンケート回答する）
20 人くらいかな。

2 ふりかえりをする

アンケートの結果を予想してみて、
どんな発見がありましたか？

※他には、好きな給食、好きな教科、好きなあそびなどもアンケートしやすいテーマです。

※アンケート結果を、学級通信などで共有すると保護者にも喜ばれます。

すばやく多くの陣地に付箋を置こう！

⭐34 付箋合戦

ねらい 付箋をすばやくかつ正確に置く戦略を考えるあそびです。

あそびかた

はじめのことば
2人組で付箋合戦をします。ジャムボード上のマスに、色付きの付箋を貼っていきます。相手の付箋の上から自分の付箋を置いても構いません。枠の中に入ればオッケーです。早くたくさん貼れた方が勝ちです。それでは早速やってみましょう。

先生

1 やってみる

時間は1分間です。よーい、スタート！

よし！　自分の付箋が増えてきたぞ！
わぁ、どんどん塗り替えられていく！

負けないよ！　すみっこ攻撃だ！

2 ふりかえりをする

何か戦略は見つかりましたか？

絵でしりとりをしよう！

⭐35 お絵描きしりとり

ねらい しりとりでチームワークと想像力を養います。

あそびかた

先生

はじめのことば
絵しりとりをします。紙に書かれた最初の言葉から連想する絵を、しりとりで描いていきましょう。しりとりの絵を一番多く描けたグループの勝ちです。絵は1つ10秒以内で描きましょう。

1 やってみる

（「え」から始まるから「えんぴつ」にしよう。）

（えんぴつだから「つ」だな。「つ」なら、「つめ」にしよう。）

（ん？　なんだこれは……「ゆび」かな……？
そしたら「ビル」にしようかな。）

2 ふりかえりをする

どんな工夫をして、絵を描きましたか？

キャップを弾いて机の端ギリギリを狙おう！

⭐36 ギリギリですく

ねらい 意外に難しい?!　集中するので気持ちの切り換えにもぴったり。

あそびかた

先生

はじめのことば
ペットボトルキャップを弾いて、机の端ギリギリを狙います。グループの中で端に一番近かった人の勝ちになります。

1 やってみる

 力加減を間違えた！　落ちちゃったよ！

 お！　結構ギリギリまで行ったぞ！

2 ふりかえりをする

 やってみて、どんな気付きがありましたか？

 なかなかうまくいかなかったので、ギリギリを狙えている人がどんな工夫をしているか知りたいと思いました。

※キャップはきれいに洗浄したものを使用してください。

室内でカーリング!?

★37 キャップでカーリング!?

ねらい キャップの操作を通して、友達と協働して力加減と戦略性も学べるあそびです。

あそびかた

先生

はじめのことば
OHP シートの上に、同心円を描き、中心に近い順に高得点を書き入れます。ペアで交互に、中心を目掛けてペットボトルキャップを弾きます。3 回ずつ弾いて一番円の中心に近い方の勝ちです。相手のキャップに自分のキャップをぶつけるのも OK です。では始めましょう。

1 やってみる

相手のキャップが邪魔だから弾いて外に出しておこう！

真ん中に打つつもりがずれちゃった。

2 ふりかえりをする

どんな工夫をして戦いましたか？

自分のキャップをどこに置いておくのかが大事です。

※キャップはきれいに洗浄したものを使用してください。

ゴールを目指してキャップを打ち込もう！

⭐38 P.K.(ペットボトル・キャップ)

ねらい 集中してゴールにキャップを打ち込むあそびです。

あそびかた

先生

はじめのことば
ペットボトルキャップで PK 対決をします。ゴール幅を決め、キーパーは指2本を机につけてゴールを守ります。3回ずつ打ってゴール数が多かった方の勝ちです。キャップが浮いてしまったら失敗です。

1 やってみる

よし！　ゴールの右隅に打ち込めたぞ！

うわ、外れた！　次こそは！

2 ふりかえりをする

ゴールを狙う時、どんな工夫をしましたか？

どちらの手でゴールのどこを狙うか戦略を立てました。

※チーム戦にして、打ち込む人が毎回変わると緊張感が増します。
※キャップはきれいに洗浄したものを使用してください。

ビー玉を落とさず運ぼう！

39 ビー玉Transport

ねらい チームワークと集中力を高めるあそびです。

あそびかた

先生

はじめのことば
全員ノート（下敷き）を準備します。席の列の先頭の人からビー玉をノートに乗せて落とさないように後ろの人に渡します。落とさずに往復できたら成功です。落としたら落としたところから再スタートです。

1 やってみる

すばやくリレーできるかな？　よーい、スタート！

なかなか安定しないぞ！

お。いい感じにバランスとれてる！

よっしゃー！　渡せた！

2 ふりかえりをする

先生もやってみたけど、思った以上にバランス感覚が大切ですね。

ルールどおりに手を出そう

⭐40 グーパー CUPS

ねらい 紙コップを使うあそびで、反射神経を鍛えることができます。

あそびかた

先生

はじめのことば
1 つの紙コップを底を上にして机の上に置きます。ペアで交互に、紙コップの上をパーでタッチします。時々、紙コップをとってもOK で、相手に紙コップを取られたときは紙コップの置かれていたところをグーでタッチします。グーパーのルールを間違えた方が負けです。「あんたがたどこさ」の曲に合わせてやってみましょう。

1 ルールを確認する

①紙コップの上を交互にパーでタッチ。
②相手が紙コップを取ったらグーで机をタッチ。

2 やってみる

  パー グー

 パー グー

 あぁ、間違えた！ 難しいなぁ。

参考動画

※ペアを変えたり、3 人組で行ったりすると盛り上がります。
　スピードを変えたり、違う曲に合わせて行ったりしても盛り上がります。

紙コップを3つ並べよう！

★41 コップDEサンモク

ねらい 戦略性と頭の瞬発力を高めるあそびです。

あそびかた

先生

はじめのことば
大中小の紙コップ各サイズ3つずつのセットが2つあります。紙コップを3×3のマスの中に置いていきます。ペアで先攻後攻を決めます。先に自分のコップを1列並べた方が勝ちです。しかし、大きな紙コップを上から重ねることもできます。また、一度置いた紙コップは移動することができます。

1 やってみる

どんどん置いていくよ。

これを置いたら、次の一手で1列揃うぞ！

引っかかったな！　一番大きいコップを重ねて1列を揃えたよ！

わぁ、自分の列に夢中で
相手のコップの場所を見るのを忘れていた！

2 ふりかえりをする

いい戦略は見つかりましたか？

じゃんけんしながらバランスをとろう！

⭐42 縮みじゃんけん！

ねらい じゃんけんをしながら縮んでいくことで、バランス力を高めるあそびです。

あそびかた

先生

はじめのことば
今から縮みじゃんけんをします！　2人組を作って、両足をピタッとくっつけて向かい合って立ちましょう。

1 ルールを確認する

じゃんけんに負けた方が10センチずつしゃがんでいきます。バランスを崩して足が動いたり、床に手や頭がついたりしたら負けになります。それでは、やってみましょう！

2 やってみる

もうしゃがめないよ。

まだまだ余裕だぞ！

3 ふりかえりをする

うまくバランスをとれましたか？

頭も身体もすばやく動かそう！

43 トライアングル5文字リレー

ねらい 即興であいうえお作文を完成させることを通して、頭と身体の瞬発力を高めることのできるあそびです。

あそびかた

はじめのことば

3人1組でリレーをします。3人で「あいうえお」などの頭文字を分担します。そこからテーマに応じた文をつなげ、1つの文章を作っていきます。ペンがバトン代わりになります。

先生

1 例を示す

テーマは「学校に遅刻した理由」で、
頭文字は「あいうえお」だとします。
あ→アリを見てたんです
い→いえ、サボりじゃないですよ
う→運搬の様子を見てたんです
え→エサをどうやって巣に持ち帰るか
お→思った以上に勉強になりました

2 ルールを確認する

①1文字終わったら交代して次走者へ
②タイムとおもしろさで勝負
③一番おもしろかったチームは、15秒マイナス
④合計タイムが一番少なかったチームの勝ち

3 やってみる

順番は決まりましたか？　テーマは、「○○○」、頭文字は「たちつてと」です。よーい、スタート！

4 結果発表をする

書いた文を順番に発表してください。
（発表後）
一番おもしろかったグループは、武田さんのグループです。15秒タイムから引きます。合計タイムが一番速かったのは、井上さんのグループです。拍手！

子どもが楽しく ワクワク するコツ！

● テーマ例：先生がご機嫌な理由、宿題を忘れた理由、歴史上の人物、都道府県、授業（行事）のふりかえりなど。

ちょうどよいのはどれくらい？

⭐44 ちょうどよいで賞

ねらい ちょうどよいラインを考え、コミュニケーションを図ります。
正解ではなく自由な発想で発言できて楽しめます。

あそびかた

先生

はじめのことば
今から先生がお題を出します。たとえば、「小学生のお小遣いはい
くらがよい？」といったものです。グループで 30 秒間相談し、ちょ
うどよいラインを考えましょう。クラスの中で、ちょうど真ん中
の数の予想をしたグループの勝ちです。

1 グループで相談する

お題は「何時間睡眠がいいか？」です。
それでは 30 秒間相談しましょう。

9 時間？

7 時間じゃない？

じゃあ間をとって、8 時間にしよう！

② 全体で共有する

30秒経ちました。クラスの中で真ん中の予想ができたグループの勝ちですよ。「ちょうどよいで賞」は、どこのグループでしょうか？答えを聞いていきましょう。

みんな
8時間、9時間、6時間　　（全部のグループが発表する）

9時間×3、8時間×2、6時間×2ということで、真ん中の8時間を選んだグループが「ちょうどよいで賞」です。おめでとうございます！

③ ふりかえりをする

やってみてどんな気付きがありましたか？

睡眠時間は結構バラバラなことに気付きました。実際は何時間睡眠が健康にいいのか気になります。

子どもが楽しく ワクワク するコツ！

●お題をいろいろ変えるとバラエティが生まれて楽しめます。
　お題の例：お風呂には何分入るのがよいか。お年玉はいくら欲しいか。宿題は何分で終わるか。持久走の距離は何メートルがいいか。

ぴったり10秒を目指そう！

★45 Stopwatch10

ねらい ストップウォッチで、時間感覚と集中力を養うあそびです。

あそびかた

先生

はじめのことば
みなさんの班にストップウォッチが1つあります。このストップウォッチで時間を計り10秒ぴったりで止めてください。時計回りで進め、班のメンバーの秒数を足した数が班の人数×10に1番近い班の勝ちです。では始めます。10秒で止められるか？ Stopwatch 10 ！

1 やってみる

なんだかドキドキするなぁ。えいっ！ わぁ、早すぎた！

気持ちが焦るからだよ。貸してごらんよ。
えいっ！ ああ！ 10秒すぎちゃった！

しっかり見て押せばなんとかなりそうだよ。
えいっ！ わぁできた！

2 ふりかえりをする

班の人数×10に1番近い班はどこですか？
みなさん10秒ぴったりに止めることはできましたか？

第3章

グッと子どもの集中力が高まる！

授業中にできる
5分あそび

漢字の画数覚えてる？

46 漢字ピラミッド

ねらい 授業中にパッと子どもの意識を集中したいときに。いつでもできる、既習の漢字を楽しみながら復習できるあそびです。

あそびかた

はじめのことば
漢字ピラミッドをします。今までに習った漢字を使って、ピラミッドを完成させましょう。

先生

1 例を示す

漢字ピラミッド、スタートです！
1段目には、1画の漢字を1つ書きます。何の漢字が入りますか？

「一」

2段目には、2画の漢字を2つ書きます。
何の漢字が入りますか。

「二」「丁」「十」

3段目には、何画の漢字がいくつ入りますか。

3画の漢字が3つ入る。

② ピラミッドを作る

さあ、ピラミッドの段数を増やしていきましょう！　4段目まで完成したら、先生のところに持ってきてください。どうしても思いつかない時は、友達が書いたものを参考にしましょう。

③ 全体で共有する

ピラミッドの漢字を発表しましょう。

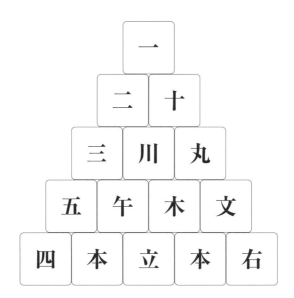

子どもが楽しく ワクワク するコツ！

●ピラミッドの段数を増やしている時は、辞書などは使用しない方が盛り上がります。なかなか漢字が思いつかない子がいる場合は、辞書などが使用できる回数を決めておくとよいでしょう。

どれだけ詳しく覚えているかな？

⭐47 都道府県お絵描き

ねらい 子どもが授業に集中してないな、と感じたときにこんなあそびも。都道府県の形を思い出しながら描き、都道府県への興味を喚起します。

あそびかた

先生

はじめのことば
今から、都道府県お絵描きをします。お題で出された都道府県の形を描くあそびです。15秒で描いてみましょう。今日のお題は福岡県です。よーい、スタート！

福岡って、九州の上の方だったよなぁ。

1 やってみてペアでシェアする

それでは描いた都道府県の形を見せ合いましょう。

2 正解を確認する

それでは正解を確認しましょう。

あーいい感じ！

うわ、僕の絵は鹿児島県だ。

※どうしても筆が進まない子がいる時は、チラッとヒントを見せることで活動意欲が持続します。

地図記号をたくさん知ろう！

★48 地図記号ビンゴ

ねらい ビンゴあそびは先生の言葉に集中してもらう効果も。楽しみながら地図記号を書いて覚えることができるあそびです。

あそびかた

先生

はじめのことば
地図記号ビンゴをします。3×3の枠のマスに地図記号を9個書いてください。リーチになったら手を挙げて教えてください。ビンゴになったら、「ビンゴ」と言って立ちましょう。

1 やってみる

 それでは1個目、「小学校」！

 やったー！　あった！

 2個目、「郵便局」！

 リーチ！

2 ふりかえりをする

 出てきた地図記号をふりかえってみましょう。

※事前に地図記号を黒板や教室に貼っておいたり、教科書等を見てもOKにしたりすることで、全員が楽しく参加できます。

なくなったものを見つけよう！

⓮ What's missing?

ねらい 子どもの意識を黒板に向けてもらう効果も。全体を俯瞰して見る目を養いつつ、短期記憶を高めます。

あそびかた

先生

はじめのことば
1〜10のカードが黒板にあります。みんなが目をつぶっている間に、カードの順番をバラバラにして1枚隠します。みんなは隠されたカード1枚を当ててくださいね。流れはこうです。
①目を閉じる（10秒間）、②なくなったカードを無言で見つける（5秒以内）、③「3、2、1」の合図でカードを当てる。
それでは目を閉じてください。10秒後に目を開ける合図をしますね。

1 全体でやってみる

はい！　無言で5秒で見つけてください。
（5秒後）
見つかりましたか？　「3、2、1」。

みんな

5！

正解です！　じゃあ次は、
2枚隠してみようかな。

子どもが楽しく ワクワク するコツ！

- 外国語活動における新出単語に慣れ親しむ活動と相性がよいです。その他教科における重要語彙でも応用可能です。
- カードの総数や隠す枚数は発達の段階や実態に応じて柔軟にアレンジ可能です。

どのタイミングで気付くかな？

⭐50 早押し逆からアルファベット

ねらい 早押しクイズ形式で、パッと集中するあそびです。楽しく英単語に親しみます。

あそびかた

先生

はじめのことば
アルファベットを1文字ずつ聞いて、英単語を当ててください。
でも逆から読みます。わかったタイミングで手を挙げましょう。

1 ためしにやってみる

 e.l.p.

 はい！

 武田さん、どうぞ！

 Apple!

 正解です！

2 やってみる

 それでは本番いきますよ！　l.l.a.b…

1回に騙されるな！

⑤1 No! ワンダイレクション

ねらい	リズムにのって英語に慣れ親しむことを楽しみます。 耳で聞いて身体を動かすことに集中して気分も変わります。

あそびかた

はじめのことば

言われた英語の指示どおり動くゲームをします。ただし、2回指示された時だけ従います。たとえば「頭を触りましょう」だったら、「Touch your head」ではなく「Touch, touch your head」と動詞の「Touch」が2回言われた時だけ従います。それでは早速やってみましょう！

先生

1 ためしに1回やってみる

Everybody, stand up.

みんな

（立つ子と立たない子がいる）

あー！「stand」2回言ってないのに！

2 もう一度やってみる

Everybody, stand, stand up.

みんな

（指示どおり立つ）

Touch, touch your knees.

みんな

（指示どおり膝を触る）

Close, close your eyes. （指示どおり目をつぶる）
みんな

 Sit down. （座る子と座らない子がいる）
みんな

 あー！ 引っかかった！

 次は本番だから、よーく耳を傾けて集中してやりましょう！

③ 本番のゲームをする

 Everybody, stand, stand up. （指示どおり立つ）
みんな

 Touch, touch your nose. （指示どおり鼻を触る）
みんな

（中略）

 Sit, Sit down. （みんな座る）
みんな

 Good job!

子どもが楽しく ワクワク するコツ！

●間違ったら席に着き、最後まで誰が残るかやってみるのも楽しいです。

同じ部分を持つ漢字をたくさん書こう！

⭐52 漢字ベースボール

ねらい 楽しみながら、漢字の知識を増やすことができます。

あそびかた

先生

はじめのことば
漢字ベースボールをします。同じ部分を持つ漢字をたくさん見つけましょう。ペアのうち1回15秒で多く書いた方が、1つ先の塁に進みます。何回か繰り返し、先にホームベースに帰ってきた方が勝ちです。どうしても思いつかない場合は、ドリルや教科書を見てもいいです。

1 ためしにやってみる

ノートに野球のホームベース、1塁、2塁、3塁を書きます。これをダイヤモンドと言います。
さて、まずはきへんの漢字を書いてみましょう。ダイヤモンド内とは別のスペースに書きます。スタート！

林 村、松、札

多い方が塁を進みます。

2 やってみる

お題は「さんずいの漢字」です。どっちが多く書けるでしょうか？ まず15秒。よーい、スタート！

3 共有する

 書けた漢字の数を数えましょう。

 4個！

 多く書けていた方は一塁に進んでください。

4 2、3を繰り返す

 全部で何個、書けましたか？

 10個！

 短い時間でもたくさん書けましたね。

子どもが楽しく ワクワク するコツ！

● 5分で終わらないペアやグループもあるかもしれません。その時は書いた漢字の合計数で勝敗を決めると、1試合1試合に真剣さが生まれます。

両手でなぞって□を10個作ろう！

⭐53 両手で□□

| ねらい | 紙に書いてある2つの正方形を両手でなぞって10回描くあそびです。 |

あそびかた

はじめのことば
みなさんの手元に正方形が2つ並んだ紙があります。この正方形の頂点に両手それぞれ人差し指をおいて、1辺ずつ10回なぞりましょう。なぞり方を間違ったらやり直します。

先生

1 ルールを説明する

最初は同じ頂点から始めます。次は、対角線上にある頂点から始めます。最後は、隣り合う頂点から始めます。

①最初は同じ頂点から

②次は対角線上にある頂点から

③最後は隣り合う頂点から

② やってみる

できるだけ指は速く動かしてくださいね！　スタート！

同じところからスタートするなら簡単にできそうだな。

対角線上にある頂点からスタートしたら少し難しい。

わわわ！　隣り合う頂点からスタートしたら、いつの間にか左手が右手に追いついてしまったよ！　難しい！

③ ふりかえりをする

間違えずに正方形を 10 回描けましたか？

同じ頂点と、対角線上にある頂点から
スタートする正方形は割と簡単でした！

隣り合う頂点からスタートすると難しかったです！

子どもが楽しく ワクワク するコツ！

● 低学年では、正方形の大きさを大きくしてあげると遊びやすくなります。
● 正方形 2 つではなく、片方を長方形にしたり正三角形にしたりすると描き方が変わり、盛り上がります。

教科書で指定されたページを見ないで開こう！

★54 ピタッとページ

ねらい 直感と推測で、指定されたページを見ずに開くあそびです。

あそびかた

先生

はじめのことば
先生が言うページをページ数を見ないで開いてください。

1 やってみる

それでは、63 ページ！

おお！　ちょうどそのページが開けたよ！

え、全然ずれてた…残念。

2 ふりかえりをする

うまくいくコツが見つかりましたか？

指定されたページから答えを導こう！

⭐55 Open Your Textbooks

ねらい　集中力を養い、記憶力を確かめることのできるあそびです。

あそびかた

はじめのことば
今から先生が言うページを開いて、条件に合う太文字の言葉を10秒以内に探してください。見つかったら立ちましょう。

先生

1 やってみる

教科書17ページに書いてあります。
漢字5文字で虫に関する言葉です。

見つけた！（立つ）

なかなか見つからないな。

では答えは？　せーの！

みんな

「不完全変態」です！

2 ふりかえりをする

すばやく教科書を開いて言葉を見つけることができましたか？

できたけど焦った！

次こそ見つけるぞ！

目指せ全員着席！

56 着席トライアル

ねらい すばやく質問に答え、一体感を味わうあそびです。

あそびかた

先生

はじめのことば

できるだけ早くクラス全員着席を目指すゲームをします。先生からの質問に答えることができたら席に着くことができます。
①挙手制です。間違っていたら、回答権は他の人に移ります。
②答えが合っていたら、「前、後ろ、右、左」どれか答えてください。
③もし「右」と言ったら、答えた人の右側の人は全員、問題に答えなくても座ることができます。
問題に答えずに座れたら、ラッキー！　と油断せず、自分だったらどう答えるかな？　と考えながら聞いていてくださいね。

1 やってみる

3時間目の授業は何ですか？
お！　樋口さん、どうぞ。

道徳です！

正解です。

後ろ！（この子の後ろの席の子たち全員着席）

今日は何曜日ですか？
（中略）

全員着席できましたね！　結果は…1分50秒です！

※繰り返し行いタイムを競う場合、間違えた子を責めないことをルールとして念押しすることで、みんなが安心して積極的に回答することができるようになります。

誰も知らない言葉を調べよう！

⭐57 なぞワード検索！

ねらい インターネット検索の練習を楽しくできます。

あそびかた

はじめのことば
これから出す言葉を検索し、説明してもらいます。時間は 1 分です。
①説明できたら 10 ポイント、②おしいものは 5 ポイントです。

先生

1 検索スタートする

トゲアリトゲナシトゲトゲ！

え、何それ！

2 回答を共有する

1 分です。それでは回答を共有しましょう。

子どもが楽しく ワクワク するコツ！

出題例
● 生き物編「アカグツ」「ユウゼン」
● 地名編「重蘭窮」「放出」「愛冠」（読み方と場所がわかればよい）
● 道具・服装編「ボルトクリッパー」「ほうろく」「アッパッパ」「どてら」
● 遊び編「ベーゴマ」「かんうま」「ぽんぽんせん」

Googleマップで指定された場所に行こう！

⭐58 ググってプレイス

ねらい 先生の言う場所を見つけてストリートビューを見てあそびます。Google マップの使い方や、土地や地名に慣れ親しむあそびです。

あそびかた

先生

はじめのことば
先生が言う場所を Google マップで見つけて、ストリートビューでどんなところか見てみるあそびです。検索ボタンは使わず、みんなで協力して早く探しましょう。

1 やってみる

富士山！

あったよ！

わー！　ストリートビューにするとすごい景色！

2 ふりかえりをする

どうでしたか？

すごい景色だった！　絶対行ってみたい！

子どもが楽しく ワクワク するコツ！

● 有名な観光地から学校の近辺まで指定すると盛り上がります。

紙の上に4つの四角を並べよう！

★59 フォー・ブロックス

ねらい 四角を積み上げ、論理的思考力と戦略性を鍛えるあそびです。先攻は線上に底辺が着くように□（白い四角）を描きます。後攻はその四角にくっ付くように■（黒い四角）を描きます。

あそびかた

はじめのことば
白紙を2人に1枚配ります。線を1本引いて先攻後攻を決めてください。お互いに描いた四角に接するように四角を描き加えていき、先に縦横斜めのどれかに自分の色の四角を4つを並べられたら勝ちです。

先生

1 やってみる

①先攻は線上に底辺が着くように□を描く
②後攻はその四角に接するように■を描く
③①・②を繰り返す
はい！　やってみましょう！

どこに四角を描いていくかで次の手が変わるなあ…。

2 ふりかえりをする

勝ちパターンを見つけることができましたか？

後手の勝ち

例）スタート　①先手　②後手　③先手　……

一筆書きでどこまで描ける？

★60 タブレットDE一筆書き！

| ねらい | タブレットを使って絵を描くことを楽しむあそびです。描いている時にお互い話さずに集中して楽しみます。 |

あそびかた

先生

はじめのことば

ペアで一筆書きリレーをします。タブレットのメモかアプリで絵を描ける機能を出してください（ロイロノート、メモ機能などが想定される）。ペンや指が離れたらペアの相手と交代します。描いている時にお話をしてはいけません。お互いが何を描いているか想像しながら、絵を仕上げていきましょう。交代する時にペンの色を変えてもいいです。

1 ペアでやってみる

どんな絵が完成するかな？

2 絵を共有する

ペアで協力してどのような絵ができたか共有しましょう。

お花の絵が描けました。

これって、へんてこな虫かなぁ。

よく聞いてすばやくとろう！

⭐61 Get! Get! Get!

| ねらい | キーワードを聞き分けることで、音を聞き分ける力を伸ばすあそびです。 |

あそびかた

先生

はじめのことば
机の中央に消しゴムを1つ置きます。今から「kn」で始まる英語をたくさん言います。たとえば、「knack, knees, knell, knew…」とどんどん発音していきます。その中で「knife」という英語が聞こえたら、消しゴムをとってください。ペアで行い、先に消しゴムをとった方が勝ちです。最初は両手を頭の後ろに組んで、単語を聞きましょう。

1 やってみる

knack, knees, knell, knew, knight…knife…

やったー！　とれた！

2 ふりかえりをする

上手に聞き分けることができましたか？

ひっかかるな！　反対の計算をしよう！

⭐62 リバース計算

ねらい 頭の切り替えを行いながら、計算を楽しむことができるあそびです。

あそびかた

はじめのことば
今からリバース計算をしてもらいます。「たす」と言われたら「ひく」、「ひく」と言われたら「たす」計算です。引っかからないように計算しましょう。

先生

1 練習する

7 + 2 = ?

5 − 4 = ?

5

みんな

9

みんな

2 流れを確認する

流れはこうです。
①じゃんけんで勝った方から問題を出す
②20秒で役割交代（※間違っても続ける）
できるだけ間違えないように集中しましょう。
それでは、じゃんけんで順番を決めましょう。

3 ペアでやってみる

先にスタートする方は決まりましたか？
それでは 20 秒間、よーい、スタート！

9 + 5 = ?

4

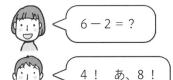
6 − 2 = ?

4！　あ、8！

（20 秒で入れ替わる）

4 ふりかえりをする

やってみてどうでしたか？

ひっかからないように気を付けても、やっぱりひっかかってしまいました。でも楽しいです！

子どもが楽しく ワクワク するコツ！

● 慣れてきたら 3 項以上にすると、難易度が上がり盛り上がります。
● 中学年以上だと、「かけ算」と「わり算」でも行うことができます。

いろいろな言葉を翻訳しよう！

63 翻訳ワールド

 ねらい 日本語を外国語に翻訳し、言語に親しむあそびです。

あそびかた

先生

はじめのことば
日本語を外国語に翻訳し、クイズを出し合いましょう。

1 ルールを確認する

「犬」をいろいろな国の言葉で翻訳してみてください。

フランス語で「シャン」でタイ語だと「マー」だ。

2 クイズを作る

（「空」を調べてみよう。）

3 ペアでクイズを出し合う

「ハヌル」です。韓国語だよ。

えー、わからないよ。

ヒントは…

4 ふりかえりをする

タブレットで共有してみんなでクイズをしたら、いっぱい言葉が知れそうだな。

第 **4** 章

スキマ時間でできる！
発想力・想像力を
広げる5分あそび

なかまなら手をたたこう！

64 なかまの言葉でクラップ！クラップ！

| ねらい | 思考と体の動きを連動させる瞬発力が必要なあそびです。 |

あそびかた

先生

はじめのことば
リズムに合わせて、仲間の言葉の時には手をたたきましょう。仲間の言葉ではない時には、手をたたかないようにしましょう。

1 やってみる

♪なかまなら手をたたこう。パンパン。
なかまなら手をたたこう。パンパン。
なかまなら拍手でしめそうよ。
ほらみんなで手をたたこう。パンパン♪
お題は野菜です。

 トマト　　パン（手拍手の音）

 レタス　　パン（手拍手の音）

 レモン　　パン（手拍手の音）

 今、手をたたいた人はアウト！

レモンは野菜じゃなかったー!!

2 違うバージョンでやってみる

 次は、昆虫でやってみましょう。
♪なかまなら手をたたこう。パンパン。
なかまなら手をたたこう。パンパン。
なかまなら拍手でしめそうよ。
ほらみんなで手をたたこう。パンパン♪

 へび　シーン（音無し）

子どもが楽しく ワクワク するコツ！

●お題例：動物、魚、外来語、スポーツ、ボールを使うスポーツなど。

外来語を日本語で表現しよう！

⭐65 ニホンゴニカエテ

ねらい 外来語を日本語で表現し、変換力を鍛えるあそびです。

あそびかた

先生

はじめのことば
今から先生が言う外来語を、日本語にしてください。長い文章ではなく、できるだけ短い言葉で表現しましょう。お題は「チョコレート」です。「茶甘板」みたいに表現して変換します。

1 やってみる

それではみんなでやってみましょう。

 「角甘棒」　 「甘苦板」　 おいしそう！

2 ふりかえりをする

どの変換が一番しっくりきましたか？

子どもが楽しく ワクワク するコツ！

● アンケートや投票制にして、優勝者を決めてもおもしろくなります。
● 外来語例：カルタ、ズボン、サボる、いくら、カステラ、じょうろなど。

ヒット商品の理由を作れ！

66 ぷこぺろ

ねらい 未知情報から想像力を広げ、説得力ある理由を作り出すあそびです。

あそびかた

先生

はじめのことば
「ぷこぺろ」は、今年度バズった架空の商品です。ヒットした理由は、商品名の4文字に隠れています。果たしてどんな理由なのか、頭文字をヒントに考えてみましょう。

1 例を示してやってみる

先生だったら、こんな感じかな。
ぷ→プリンセスが
こ→こよなく愛した
ぺ→ペロリと罪悪感なく食べれる
ろ→ローストビーフ
さあ、みんなも1分で考えてみましょう。

プロペラ？？

小犬用！

ロボ！

2 全体で共有する

ズバリ、どの理由がバズリそうですか？

※ 低学年で実施する場合は、半濁音を抜いたり文字数を減らしたりすると言葉が出てきやすくなります。書いた文章は、その後に絵に表したり作品として残したりすることで、実際に商品開発をした気分になれるため創作意欲をかき立てることにつながります。

言葉の引き出しを増やそう！

⑥⑦ 階段ことば

ねらい 一音ずつ音を増やすあそびで、語彙を増やしていきます。

あそびかた

先生

はじめのことば
今から言葉で階段を作っていくあそびをします。一番上の音を決めて、その後ろに一音ずつ増やして、下の段にいくにしたがって二音、三音、四音…と言葉を増やして書いていき、階段ことばを完成させます。できるだけ多くの階段を作っていきましょう。

1 例を示す

例えば最初の一音を「あ」にしてみましょう。
2段目には、どんな言葉がありますか？

あり！

そうですね。3段目は？

あしか！

あ				
あ	り			
あ	し	か		
あ	め	り	か	
あ	り	が	と	う
あ				

② やってみる

 今回は「か」が一番上です。それでは、階段ことば、スタート！

かば！

かかと！

(中略)

③ ふりかえりをする

 何段目まで、書けましたか？

 7！

 どんな言葉を書いたか、紹介してください。

子どもが楽しく ワクワク するコツ！

● 言葉が思いつかない時は、一度だけ調べてもよい、飛ばしてもよいなどルール
を決めておくと、みんなが楽しめます。
● ふりかえりの際に、電子黒板に映すと、全員に答えを共有することができ、語
彙を増やすことにもつながります。

人間ピクトグラムで表そう！

⑱ カラダdeピクト

ねらい 身体を使って表現力と想像力を働かせるあそびです。

あそびかた

先生

はじめのことば
今から1人にだけお題を見せます。お題を見た人は、そのお題を身体を使ってピクトグラムのように静止して表現し、他の友達に当ててもらいます。もしどうしてもわからない場合は、パスして違うお題に挑戦することができます。それでは早速やってみましょう！

1 やってみる

え？　これ？　え～っと…

（実際に静止してピクトグラムのように身体で表現する）

給食のピクトグラムじゃない？

あ！　確かに！　左手で器を持っているように見えるもんね！

2 ふりかえりをする

やってみて、どんな気付きがありましたか？

ピクトグラムは動かないからジェスチャーより難しかったです。

輪ゴムでアート！

⭐69 輪ゴムDE紋様

ねらい 幾何学模様作りでアートを楽しみます。

あそびかた

はじめのことば
今からみなさんに輪ゴムを6本ずつ配ります。並べたり重ねたり、捻ったりして模様を作ります。もし輪ゴムが足りなくなったら、予備の輪ゴムをとりに来てください。1分間で作ってみましょう。できた模様はタブレット端末で撮影して保存してください。

先生

1 やってみる

1つの輪ゴムの周りに他の輪ゴムを並べたら花みたいになったよ。

重ねたら魔法陣みたいになってかっこいいよ。

捻ってみたら、円が2つできるからおもしろいな。

2 ふりかえりをする

素敵な輪ゴム模様を
作ることはできましたか？

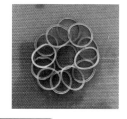

武田さんの作った模様は、
今まで見たことのない模様でびっくりしました。

絶対見たことがあるはず！　画像が何かひらめけ！

★70 アップ！ルーズ！ルーズ！

ねらい　画像をよく観察し、想像を広げることを楽しみます。

あそびかた

先生

はじめのことば
みんなが見たことのあるものを、スライドでとっても大きく拡大してみます。何の画像かわかったら手を挙げて答えましょう。

1 例を示す

さて、これは何でしょう？
これから学習する理科の昆虫の学習に関係があります。

アゲハチョウ！　ん？　カブトムシ？

みなさんが「ルーズ！」と言ったら画像を少し引いて見せていきます。3回ルーズと言うとクイズ終了です。

「ルーズ！」

では、見やすいように画像を少し戻します。

何かの目かな???　ハチ？　わからないから「ルーズ！」

わかった！　トンボだ。

 正解！

② クイズを作る

 ではみなさんも問題を作ってみてください。今の学習のテーマは昆虫なので、昆虫の画像を使ったクイズですよ。

③ お互いにクイズを出し合ってみる

 さて、この画像は何でしょう？

 アリ

 ハチ

 違います！

 「ルーズ！」

 わかった！　カマキリ

 正解！

④ おもしろかったクイズを全体でやってみる

 誰のクイズがおすすめですか？

 ぼくは、井上さんのクイズを紹介します。理由は…

インパクトのあるストーリーを作ろう！

★ 71 ストーリーメモリー

ねらい イメージを膨らませ、2つの言葉の関連付けを楽しむあそびです。

あそびかた

先生

はじめのことば
今から言う4つの言葉を順番につなげて、できるだけ記憶に残るようなインパクトのあるストーリーを、1分間で作ってください。
①聖徳太子、②かぼちゃ、③裁判所、④ブルドッグ

1 例を示す

先生だったら、こう作ります。
①・②「聖徳太子」は、大量の「かぼちゃ」に耳を塞がれ
②・③「かぼちゃ」は「裁判所」に出廷したところ
③・④「裁判所」では、「ブルドッグ」が裁判長だった

2 みんなで書いてみる

聖徳太子はかぼちゃという名前のねこを飼っていて〜

裁判所でかぼちゃが高額販売されていて〜

③ ペアや全体で共有する

 どっち（誰）がインパクトのあるストーリーを
作れたかな？

 聖徳太子がかぼちゃという名前のネコを
飼っていたって普通思いつかないね！

 えへへ。かぼちゃの高額販売もびっくりだよ！

④ ふりかえりをする

 やってみてどうでしたか？

 文章作りは今まで苦手だったけど、
何だか楽しくできました！

子どもが楽しく **ワクワク** するコツ！

● テーマ例としては、「人・もの・こと」など、具体的で目に見えるものだとみんなが楽しめます。

● 逆に目に見えない抽象的な言葉を1つ混ぜてみると、難易度がグッとアップします。テーマ例としては、「自由」「愛」「思いやり」などが考えられます。

箱の中を想像して当てよう！

⭐72 Touch Something

ねらい 想像力を働かせながら、ものを当てるあそびです。

あそびかた

先生

はじめのことば
今から先生が教室にあるものから1つ選んで、この箱（左右に手を入れる穴が開いていて、一面があいている箱を用意する）の中に入れます。手で触って何かを当てるゲームをします。前から見ている人は、それが何なのかわかりそうでわからない微妙なヒントを出して応援してあげてくださいね。触って当てよう、Touch Something!

1 やってみる

え、なんだコレ。カクカクしているな。そんなに重たくはなさそうだけれど…。

勉強中に助けてくれるよ！

わかった！　消しゴムだ！

正解です！

2 ふりかえりをする

やってみてどうでしたか？

友達からのヒントがなかったら当てられなかったかもしれないな。

いつも見ているものが大変身！

73 イツモノ大変身

ねらい いつも見ているものを自由な発想で変身させることを楽しむあそびです。

あそびかた

先生

はじめのことば
みなさんの手元にりんごの絵があります。今から色を塗ったり描き加えたりして、りんごではないものに大変身させ、あっと驚くようなものを作ってみましょう。

1 やってみる

りんごっぽくならないように赤以外の色を使いたいな。

果物ではなくて、動物っぽくするために手と足を描き加えようかな。

2 ふりかえりをする

りんごを大変身させることはできましたか？

南の島にしか生えていないようなフルーツになりました！

手と足を生やしたら、不思議な生き物になりました！

写真から学校の場所を当てよう！

★74 ココドコ

あそびかた

先生

はじめのことば
今から先生が撮ってきた学校のどこかの写真を見せます。班対抗で一番たくさん正解した班の勝ちです。ちなみにお手付きした班はその問題には答えられませんから気を付けてくださいね。

1 やってみる

どこの写真でしょうか？

机が見えるね。端の方に、絵の具みたいな物が見えない？

あっ！　本当だ！　ということは図工室だね。

2 ふりかえりをする

やってみて、どんな気付きがありましたか？

毎日見ている景色でも、なかなか当たらなかった！

入れ替えて別の言葉に！

75 チェンジグソー

ねらい 文字の入れ替えで、別の言葉に変換することを楽しむあそびです。

あそびかた

先生

はじめのことば
いくつ見つかる？　チェンジグソー！

1 ルールを説明する

文字を入れ替えて別の言葉になる言葉を探しましょう。
何文字でもオッケーです。

2 やってみる

「わに」は入れ替えたら「にわ」だな！
「やはり」は「はやり」になるぞ！

3 ふりかえりをする

やってみての感想を教えてください。

3文字は見つけたけど、4文字が見つ
からなかったので、見つけたいです。

ポーズの違いを楽しもう！

★76 まねっこポーズ

ねらい お題に沿ったポーズをとり、発想力や表現力を養います。

あそびかた

先生

はじめのことば
お題で出されたものを表すポーズをとるあそびをします。例えば、お題を出す人が「まねっこポーズ、うさぎ」と言ったら、うさぎのポーズを考えてすぐにポーズをとります。

1 1回目をやってみる

まねっこポーズ、えんぴつ！
周りの人がどんなポーズをとっているかも見てみましょう！

え、私と全然違う！　びっくり！

いろんなえんぴつがありますね！

2 2回目をやってみる

では2回目。まねっこポーズ、運動会！

（走るポーズ）

 （表現運動）

 （応援している）

 （大玉転がし）

③ ふりかえりをする

 やってみて発見はありましたか？

 似たようなポーズになるお題もあれば、
結構バラバラになるお題もあっておもしろかったです。

子どもが楽しく ワクワク するコツ！

● お題例：決まったポーズのないアニメのキャラクター。海や風など自然のもの。
「先生」などの抽象的な言葉。

不便をチャンスに！　誰のどんな悩みを解決？

⑦ プロダクトオプション

ねらい 生活をよりよくしていくアイデアを考えることを楽しむあそびです。

あそびかた

先生

はじめのことば
ランドセルって重たいから、もっと軽くなったらいいなと思ったことはありませんか？　他にも、ランドセルにこんな機能があったらいいのに！　と思うアイデアをいっぱい思いつくはずです。そんなオリジナルのランドセルを開発するために、思いつくアイデアをできる限り多く考え、クラス全員で○個を目指しましょう！

1 例を示す

学校までひとっ飛びジェット機能

2 1人で考える

時間は30秒です。よーい、スタート！

忘れ物なし自動チェック機能

不審者対策レコーダー機能

1人登校も寂しくないAI会話機能

ボーッとしてても大丈夫！　安心電柱警報機能

③ 結果発表をする

それでは個数を数えましょう。全部で何個になったでしょうか？

④ ふりかえりをする

「おっ！」と感じるナイスアイデアは見つかりましたか？

子どもが楽しく ワクワク するコツ！

● 子どもたちが身近なものから発想すると、本当に商品化できるのでは？　というアイデアが生まれて盛り上がります。

● お題例：鉛筆、消しゴム、机、椅子、教科書、遊具、掃除道具、シューズ、黒板、タブレットなど。

何色を連想する!?

⭐78 色フラッシュ

ねらい お題から色を連想することで、想像力を広げるあそびです。

あそびかた

先生

はじめのことば
色フラッシュをします。お題から連想する色を1色選び、タブレットの提出箱に提出します。一番多くの人が連想した色を書いた人のみが1点ゲットです。それでは今から1つお題を発表します。

1 やってみる

では、お題は「秋」です。15秒で提出しましょう。

2 回答を共有する

  赤　 黄色　 紫　 赤

赤が多いので、赤が1点ゲットです。次のお題は、「運動会」です。

子どもが楽しく ワクワク するコツ！

● 無形のもの（夢、思い出、音楽など）や、空想上のものを混ぜるとより盛り上がります。

どんな持ち物を持っていく？

☆79 予算100万妄想遠足

ねらい 自由な発想であったらいいなを考え、ワクワクするあそびです。

あそびかた

先生

はじめのことば
遠足で100万円使えるなら、どんなものを持っていきますか？
① 30秒間で思いつくだけ書きましょう
② そのあと、15秒間で1個に絞ります
③ 書いた個数とユニークさで勝負します
④ 書いたら1個1ポイント、ユニーク賞には5ポイント
それでは早速、30秒間書いてみましょう！

1 やってみる

 うまい棒10万本！

 高級弁当！

 キャビア、フォアグラ、A5ランクの和牛…

 終わりです！ 15秒間で書いたアイデアを1つに絞ってください。書き出したアイデアの個数と、1つに絞ったアイデアをタブレットの提出箱に提出してください。
どれもナイスな発想で迷いますね…。
でも、樋口さんと神前さんと井上さんに5ポイント！
優勝は誰になるのでしょうか？ それでは点数を計算してください。優勝は神前さんですね！ おめでとうございます！

お題と数字を意識しよう！

⭐️80 数字にジャストミート！

ねらい 他の人の価値観を想像したり、話し合ったりするあそびです。

あそびかた

先生

はじめのことば
先生がテーマと数字を示します。たとえば、テーマ「強い動物」。数字を「2」とします。まず、強い動物だと思う動物をグループで話し合い、1つ決めてください。制限時間は15秒です。

1 ルールを確認する

それでは発表してください。

ライオン

ゾウ

ライオン

ゴリラ

「ライオン」が2つあるので、ライオンが正解になります。このように今回の数字は「2」なので、ちょうど2チームが同じ答えだった時だけ正解です。1つだったり3つだったりしたら不正解となります。

② 回答を決める

 テーマは「速い乗り物」。数字は「3」です。よーい、スタート！

 新幹線、飛行機、ジェット機、ロケット、レースカー…。

 ジェット機が一番速そうだけど、みんなあんまり書かなさそう。

 新幹線が一番思い浮かぶけど、これだと被りすぎちゃう気がする。

③ 回答を共有する

 それでは、回答オープン！

みんな

「新幹線」×4、「飛行機」×3、
「ジェットコースター」×1、「ロケット」×1。

 3グループ同じだったのは「飛行機」ということで、
「飛行機」が正解になります。

2つのクリップで知恵の輪を作ろう！

 81 クリップDE知恵の輪

ねらい 知恵の輪作りを通して、創作意欲をかき立てるあそびです。

あそびかた

先生

はじめのことば
2つのクリップで知恵の輪を作りましょう。曲げたり交差させたりして絡めてください。作り終わった知恵の輪は、ペアで交換し解き合います。どちらが先に外せるか勝負しましょう。では始めます。

1 やってみる

できるだけ複雑にした方が難しくなるかな。

（実際にクリップを繋げていく）

〇〇さんが作った知恵の輪はとても難しいな。
なかなか外れないや。

2 ふりかえりをする

やってみて、どんな発見がありましたか？

〇〇さんの知恵の輪はとても難しいので、先生もやってみてください。

第 5 章

授業導入で使える！

楽しい教科の
5分あそび

国語 画数と部分から想像しよう！

☆82 漢字バラバラクイズ

ねらい 画数や部分から想像を広げ、漢字に親しむあそびです。

あそびかた

先生

はじめのことば
班対抗で漢字バラバラクイズをします。習った漢字の中から、先生が書き順どおりでなく、部分でバラバラで書いていきます。習う学年と画数は教えるので、わかったら手を挙げて発表してください。正解した班にはポイントが入ります。

1 やってみる

最初の漢字は、３年生で習った８画の漢字です。
（実際に書いていく）

はい！

神前さん、どうぞ！

答えは『服』です。

正解です。どこでわかりましたか？

つくりに特徴があるので！

② ふりかえりをする

それでは、今日クイズに出てきた漢字を言ってみてください。

服！

朝！

期！

共通点は？

みんな
全てに月が入っています！

子どもが楽しく ワクワク するコツ！

● 形に特徴がある漢字を選んだり、同じ漢字を違う書き順で提示したりすることで、漢字全体の形を捉える力がつきます。
● 部首や読み方などに共通点がある漢字をピックアップすると学びが深まります。
● お手付きのルールを追加することで緊張感が増します。

国語　漢字の一部分から漢字をつなごう

83 漢字部分しりとり

ねらい たくさんの漢字にふれたり、思い出したりすることができます。

あそびかた

先生

はじめのことば
漢字でしりとりをします。つなぐのは漢字の中の１つの部分です。
１分間で、たくさんの漢字を書くことができたグループの勝ちです。

1 例を示す

春→間→問→右→活→話
次はどんな漢字を続ければいいと思いますか？

 読！

2 やってみる

さあ、やってみましょう！

 古

 固

③ チェックする

 書いた漢字があっているかチェックしてみましょう。

 8個書けたよ！

④ 結果発表をする

 1番多かったのは、9個で、
樋口さんのグループが優勝です。

⑤ ふりかえりをする

 1人でも楽しく勉強できそう！

 忘れている漢字を思い出すきっかけになりました。

子どもが楽しく **ワクワク** するコツ！

● 「きへんの漢字」など、限定して行っても楽しめます。

国語 漢字センスが試される!?

84 直感de難読

> **ねらい** 難読漢字を直感で読み、漢字に親しみます。

あそびかた

先生

はじめのことば
今から直感 de 難読をします。先生が出す難しい漢字の読み方を、直感で答えるあそびです。制限時間は 10 秒です。わからなくても直感で OK です。思い付いた人からチャットに書き込みましょう。

1 試しにやってみる

「薔薇」
何と読むでしょう？　正解は、「ばら」です。

 え、結構難しいな。　 僕は読めたよ！

2 やってみる

それではどんどんやっていきましょう。「柑橘類」。

 かん、？　 かん、たちばな　 かんきつるい

正解です！

※「魚にまつわる漢字」「地名」など、ジャンルを絞って出題すると答えやすくなり、記憶にも残りやすくなります。

算数 2枚のトランプを使って10を作ろう！

85 Exchange10

ねらい トランプを交換しながら、駆け引きを楽しむあそびです。

あそびかた

先生

はじめのことば
今から、1人2枚トランプのカードを配ります。歩き回りながら友達と1枚ずつ裏返しのカードを交換し、手札のカードの合計が10になれば上がりです。J、Q、Kが手札にある場合は数を気付かれないように相手と交換して上がりをめざします。

1 やってみる

（2と9か。）

（2とJか。Jを友達に渡したいな。）

やった！ 8を引いたぞ！ 2と8で10だ！

2 ふりかえりをする

毎回カードが変わって、ドキドキしました！

子どもが楽しく ワクワク するコツ！

● 他にも同じ数字が出たら上がり、同じマークで10になったら上がりなどとルールを変えても盛り上がります。

算数 英語で楽しく足し算

⭐86 Happy Number

| ねらい | 英語の数に慣れ親しみながら、足し算の練習ができるあそびです。 |

あそびかた

先生

はじめのことば
英語で、算数の「いくつといくつ」の足し算をします。ゴールになる数を「Happy Number」と言います。先生が Happy Number を出した後に、「Happy,Happy "3"」などと数字を言うので、みんなはそれにいくつ足せば Happy Number になるか考え、片手で表せる 1 〜 5 の数を出してください。

1 ルール確認をする

Happy Number は 5 です。先生が Happy、Happy「3」と 3 を片手で出します。みんなはいくつを出せばいいですか？

2 ！

そう、Happy、Happy「2」ですね。このルールで、次は英語でやってみましょう。

2 みんなでやってみる

Happy Number is "7" OK?

みんな

OK!

Happy, Happy "4"

 みんな Happy, Happy "3"

 Happy, Happy "5"

 みんな Happy, Happy "2"

3 ふりかえりをする

 やってみてどうでしたか？

 英語でも計算できて楽しかったです！

 少し難しくて頭が疲れたよ。

 お友達と休み時間に練習しようかな。

子どもが楽しく ワクワク するコツ！

● 両手を使っても遊べます。（10まで）

算数 自分が持っているものの重さを予想しよう！

87 フィーリングウェイト

ねらい 量感を養うあそびです。量感と数字の大きさとの関係やグラムという
単位を体感で理解できます。

あそびかた

先生

はじめのことば
自分が持っているものの重さを予想するゲームをします。

1 やってみる

この消しゴム、何gかな？

20グラム！

10グラム！

それでは実際に量ってみましょう。（量る）15グラムでした！

10と20の間か。おしかった！

2 ふりかえりをする

他にも重さを調べてみたいものはあるかな？

※秤で量れるくらいの重さを教えておきましょう。
（秤は家庭科室等から持ってきておく）

算数 教室の中からたくさんの数字を探そう！

88 数字ハント

ねらい 数字とタブレット操作に親しむことができるあそびです。

あそびかた

はじめのことば
教室の中には、たくさんの数字が隠れています。数字を探して写真を撮り、たくさん数字を集めてみましょう。

先生

1 やってみる

「3」をたくさん探しましょう。

見つけた！

どこにあるのかなあ。

2 撮った写真を紹介する

誰が一番多く見つけられたかな？

はい！　○枚です。

それでは、見つけた「3」を紹介してください。

時計の中に見つけました。

棚の上にあった！

理科　たくさんの植物や虫を知ろう！

89 サイエンスビンゴ

ねらい　ビンゴをしながら、たくさんの植物や虫など、理科に関する用語を覚えることができるあそびです。

あそびかた

先生

はじめのことば
サイエンスビンゴをします。3×3の枠の中にお題に沿った用語を書き、縦、横、ナナメどこか1列が全て揃ったら上がりです。

1 準備をする

3×3の枠を書き、1つのマスの中に
1つ昆虫の名前を書いてください。

書けた！

2 ビンゴをする

〇〇さん、書いた昆虫を1つ言ってください。

アゲハチョウ

チェックしましたか？
次は、〇〇さん、書いた昆虫を1つ言ってください。

③ ふりかえりをする

 たくさんの昆虫の名前が出てきましたね。
1つ目に出てきた昆虫は何でしたか？

 アゲハチョウです！

 そうですね。（画像を出す）2つ目は…
昆虫の体の作りにはどのような特徴がありますか？

 頭、むね、はらに分かれています。

 あしが6本あります。

チョウ	カマキリ	バッタ
オニヤンマ	アリ	セミ
カブトムシ	ハチ	キリギリス

社会　地名をつなげてみよう

90 地名しりとり

ねらい　地名を楽しく、たくさん知ることができるあそびです。

あそびかた

先生

はじめのことば
地名だけしか使えないしりとりをします。グループ対抗戦です。
30秒でたくさんの地名を書けたグループが勝利です。地名が間違っていた場合は、ポイントに入れません。地名を思いつかない場合は、パスをしても地図帳を見てもOKです。

1 やってみる

「神奈川」の「わ」からしりとりスタート！

わ、わ？　そんなのある？　パス！

和歌山！

枕崎！

霧島！

② チェックする

 それでは地図帳で
チェックしましょう。

 5ポイントだ！

③ 結果発表をする

 勝者は○グループです！

④ 出てきた地名を再確認する

 どんな地名が出てきたかグループで確認してみましょう。

 神奈川、稚内、茨城…

⑤ ふりかえりをする

 やってみてどうでしたか？

 他のグループのを見て、知らない地名を知りました！

子どもが楽しく ワクワク するコツ！

● パスの回数を決めておくことで、みんなが安心して進めることができます。
● 家庭学習における漢字練習の課題として使うこともできます。

社会　特徴を押さえるのがコツ！

91 形de都道府県

ねらい　形から類推し、都道府県に慣れ親しむあそびです。

あそびかた

先生

はじめのことば
今から、形 de 都道府県をします。形だけを見て、どこの都道府県か答えるあそびです。スライドの画像を次々に映していきます。クラスの誰か一人でも正しい答えが言えたら OK です。

1 やってみる

それではやってみましょう。　（スライドを映す）（手拍子パンパン）

北海道

（スライドを映す）（手拍子パンパン）　　青森

それでは、47 都道府県制覇を目指してやってみましょう。

2 ふりかえりをする

やってみてどうでしたか？

外国語　英語と日本語を聞き分けて発音しよう！

⭐92 English Clap

ねらい　英語と日本語を聞き分けて、聞く力を高めるあそびです。

あそびかた

先生

はじめのことば
今から先生が、絵を見せてその絵を表す言葉を言います。もしそれが、英語だったらその後に同じように発音してください。もしそれが日本語なら手を2回たたいてください。間違えた人から座りましょう。最後まで立っていられた人が優勝です。ではやってみましょう。

1 やってみる

（絵を見せて）りんご！

みんな　（手拍子パンパン）

（絵を見せて）Peach ！

みんな　Peach ！！

（絵を見せて）おにぎり！

おに！…あっ！間違えた！

2 ふりかえりをする

思わず日本語で言ってしまいそうになったよ。

逆に手をたたいてしまいそうになったり、何だかすごく集中力を使いました。

外国語 英語で楽しく身体を動かそう！

⭐93 Pass the Ball！

ねらい 単元で覚えた英単語を楽しみながら復習できるあそびです。

あそびかた

先生

はじめのことば
円になって座り、音楽が流れている間ボールを回します。音楽が止まった時にボールを持っていた人が問題に答えます。ボールを持っている人は、イラストや写真を見て、それに合った英語を答えましょう。

1 お題を発表する

お題は「体の部位」です！
〇〇の単元で覚えた英語を覚えているかな？

2 やってみる

それでは、
Music start!

（中略）

はい、終了です。最後にみんなで、おさらいしてみましょう。

head, shoulder, neck, eyes, ears…

子どもが楽しく ワクワク するコツ！

● 何回か間違えると、みんなで英語の歌を歌うなどルールを決めておくと、全員があそびに参加することができるようになります。

図工 **教室に掲示する飾りを作ろう！**

94 ★ チョキチョキ文様

ねらい 切ったらどんな形になるのかを楽しみます。

あそびかた

先生

はじめのことば
今からみなさんに色紙を配ります。その色紙を2〜4回折って、文様を切り出してください。切るところを間違うとバラバラになってしまうので、必ず折り目を残して切ってくださいね。

1 やってみる

 適当に切ったけど、おもしろい文様になったぞ！

 ハートの形にしたよ！

2 ふりかえりをする

 おもしろい文様はできましたか？

 蛇みたいな文様ができておもしろかったです！

子どもが楽しく ワクワク するコツ！

● 模様のついた紙だと文様の見え方が変わっておもしろくなります。

図工 写真を撮って自由に変身しよう！

95 自分をパシャリ！大変身

ねらい 写真を元に発想を広げ、服装や背景のデザインを楽しむあそびです。

あそびかた

先生

はじめのことば
突然ですが、今すぐ隣の友達に写真を撮ってもらいましょう。どんなポーズでも OK です。写真を見た人が嫌な気持ちにならないようにだけは気を付けてください。撮れたらタブレットに保存しましょう。写真を基に好きなようにデコレーションをしてもらいます。テーマは夏です。夏と言えば、どんなイメージが湧いて来ますか？

1 個人で活動開始

1分でササっと仕上げましょう。

 かき氷食べたな！　　 山で遊んだなぁ。

2 写真を共有する

どんな絵が完成しましたか？

海に行って、サメに乗っている様子に仕上げました。

図工 **マスクでおしゃれ最先端！**

⭐96 マスクDEカーニバル

ねらい 思い思いの装飾を施した作品作りを楽しむあそびです。

あそびかた

先生

はじめのことば
白の不織布マスクを1人1枚用意します。ペンで絵を書いたり接着剤で飾りをつけたりし思い思いのマスクを作ります。ではやってみましょう。

1 やってみる

> かわいいマスクにしたいから、うさぎや猫を描こうかな。

> 大きな口と牙を描いて、リアルなマスクを作りたいな！

2 ふりかえりをする

> かわいいのができた！

> 妹に見せようかな！

※マスクのルールを学校内で確認してから取り組みましょう。

子どもが楽しく ワクワク するコツ！

● 材料を貼る場合は、あらかじめ使う材料を決めておくとスムーズに作り始められます（作品は衛生用・感染防止には使用しないでください）。

図工　カメラセンスが試される！

★97 狙え！映えショット

| ねらい | テーマに沿った写真を撮り、撮影センスを養います。 |

あそびかた

先生

はじめのことば
今から、狙え！　映えショットをします。お題に沿った写真を、タブレットのカメラで素敵に撮るあそびです。人は写さずにものだけの写真を撮りましょう。

1 やってみる

お題は「楽しい」です。よーい、スタート！

あ、あの木にしようかな。

2 全体で共有する

テーマに沿っていて、よいなと思う写真はありましたか？

子どもが楽しく ワクワク するコツ！

● 喜怒哀楽などの感情や抽象的なお題にした方が、発想を広げられます。

音楽 紙コップでリズムを表現しよう！

98 カポカポカップス

ねらい 紙コップで音楽を作るリズムあそびです。

あそびかた

はじめのことば
今から先生が紙コップを使ってリズムを刻みます。スピードを変えたり、紙コップを回転させたりするので、みなさんは手元の紙コップの動きをまねしてくださいね。音やリズムはもちろん、コップの動きや手の動きもまねしてくださいね。

先生

1 やってみる

最初のリズムは、「タン・タン・ウン・カッ」です。
（実際にリズムを刻む）

紙コップで音が出るから、リズムがおもしろくなるよ！

2 ふりかえりをする

今日はどんなリズムや動きが出てきましたか？

音楽 いくつの音が聞こえるかな？

99 How many sounds?

ねらい ピアノで鳴らした複数の音の数を聞き分けるあそびです。

あそびかた

先生

はじめのことば
今から先生がピアノでいくつかの音を同時に鳴らします。みなさんは聞こえた音の数を指で表します。その後、鳴らした音を1つずつ確認します。正解だった人は1ポイントゲットです。最終的に何ポイント集められるか競います。ではやってみましょう。

1 やってみる

では鳴らします。（ド、ミ、ソを同時に鳴らす）

すごくきれいな音色だったな。いくつの音でできていたのかな。

よく聞く音の組み合わせだった気がするな。3音かな。

（何問か行う）

② 結果発表をする

何ポイントゲットできましたか？
3ポイント以上ゲットできた人は手を挙げてください。

僕は4ポイントだったよ！

③ ふりかえりをする

音の数を聞き分けることができましたか？

音の数が増えたらすごく音としてきれいに聞こえます。

でも、組み合わせによって汚い音になることもあったなぁ。

音楽 教室にあるもので合奏をしよう！

⭐100 教室アンサンブル

ねらい 教室にあるものをたたいて音を出し、音を楽しむあそびです。

あそびかた

先生

はじめのことば
今から教室アンサンブルをします。教室にあるものをたたき、みんなでリレーするように順番に音を出してみましょう。

1 やってみる

 椅子の脚の部分をカンカン（高い音）

 机をドンドン（低い音）　　 黒板をコンコン

 他におもしろい音が出そうなものはありますか？

子どもが楽しく ワクワク するコツ！

● 4/4拍子で2小節分たたかせるとリズムも出て、ちょうどよいです。

体育 走って！　考えて！　並べて！

⭐101 ボール並べ

ねらい 走りながらボールを使って五目並べをすることで、体と頭の両方を動かすあそびです。

あそびかた

はじめのことば

ボール並べをします。スタートラインから走っていって9つの円のどれかにボールを置いて戻ってきます。チームで縦、横、ナナメ（3×3）のいずれかの1列を先に完成させた方が勝ちです。

先生

1 ルールを確認する

①1チーム5人。2チームで戦う。チームが交互に走者を出す。
②1チーム、ボールは3つまで。
③4番目以降の人は、マーカーに置いてあるボールを移動させる。みんなで協力して1列完成させてください。相手の列が完成しないように自分のチームのボールを置いて邪魔したりします。

2 やってみる

スタートライン → 2チーム交互に走者を出してボールを置いてくる

○ ○ ○
○ ○ ○
○ ○ ○

頑張って走るぞー！

どこに置こう？

そっちじゃなくて、あっちだよ！

子どもが楽しく ワクワク するコツ！

●速さで勝負したり、戦略で勝ったりと、いろいろな遊び方ができます。

体育 線の上だけを逃げよう！

102 ウェビングおにごっこ！

ねらい 線の上を走ったり歩いたりすることで、バランス感覚を鍛えます。

あそびかた

先生

はじめのことば
線の上だけを動けるおにごっこをします。鬼もそれ以外の人も、線の上だけしか走ったり歩いたりすることはできません。

1 ルールと流れを説明する

安全地帯と線の上以外は外も含め、危険地帯です。鬼に捕まったら、アウトゾーンに入ります。2つの円の間に、クモの巣のように何本も線があり、アウトゾーンに入っている人を助けるためには、線の上を通ってタッチしにいかなければなりません。

アウトゾーンがたくさんあるから作戦が必要だ！

2 やってみる

それではウェビングおにごっこスタート！

よーし、逃げ切るぞ！

捕まえるぞ！

線の引き方の例

例1

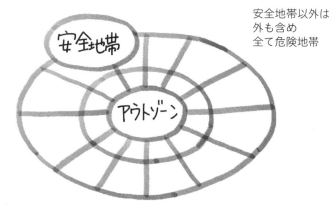

安全地帯以外は
外も含め
全て危険地帯

これが基本の形です

例2

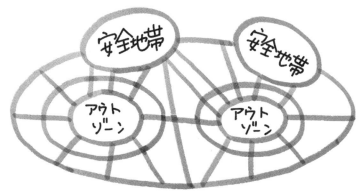

こんなふうに安全地帯とアウトゾーンを増やしても OK

子どもが楽しく ワクワク するコツ！

● 安全地帯やアウトゾーンの数を学級の実態に合わせて、工夫することでより盛り上がります。

● 鬼の数を増やすことで、先回りしたり、待ち伏せしたりして捕まえるなど、作戦を立てることができ、より頭を使いながら楽しむことができます。

体育 バランスをとって逃げ切ろう！

★103 ぼうしおに

ねらい 頭の上に乗せたものを落とさないように気を付けながら鬼ごっこを行うことで、バランス感覚を鍛えるあそびです。

あそびかた

はじめのことば
頭の上にハンカチを乗せて、鬼ごっこをします。ルールは普通の鬼ごっこと同じですが、頭の上に乗せたハンカチを落とさないようにすることが鬼ごっことは違うところです。ハンカチを落とさないようにしながら逃げ切ることができるかな？

先生

1 やってみる

 さぁ、練習してみましょう！　まずは先生が鬼です。

 えー！　難しいぞ！

 風で落ちちゃうよ！

 それではスタート！

2 ふりかえりをする

 ハンカチを落とさないためのコツは見つかりましたか？

 ゆっくり走る！

 頭を下げて走る！

※ハンカチを落とした時に3秒止まるなどルールを決めておくと、楽しめます。

体育　友達とどんどんじゃんけんしよう！

104 ランクアップじゃんけん

ねらい じゃんけんで、クラスの仲を深めるあそびです。

あそびかた

先生

はじめのことば
ランクアップじゃんけんをします！　4つのゾーンを勝ち抜いたら
ゴールです。最初は全員、1つ目のゾーンからスタートしましょう。

1 ルールを確認する

①勝ったら次のゾーンに進む
②負けたら1つ前のゾーンに戻る
③最後のゾーンで先生に勝ったらゴール
それでは早速、やってみましょう。

先生に勝ったら
クリア！

勝つと次の
ゾーンへ

負けると一つ前へ

スタートの位置
（全員ここから）

2 やってみる

じゃんけん、ぽん！

やった！　次のゾーンに行けるぞ！

また最初のゾーンに戻ってきちゃった！

子どもが楽しく ワクワク するコツ！

● 「〇人ゴールしたら終了」などのルールを作ると、何度も楽しむことができます。

体育 足踏みしながら笛の合図でGo！

105 スピードステップ＆ゴー

ねらい 体を動かす前に楽しく準備運動ができます。

あそびかた

先生

はじめのことば
すばやく足踏みをしながら、先生の動きのまねをしましょう。例えば、右を向いたり左を向いたりジャンプをしたりするので、しっかり動きについてきてくださいね。

1 ルールを確認する

ただし、先生が笛を吹いた時だけ指示に従います。笛を吹かなかった時は指示に従わず、そのまま足踏みを続けてください。それではためしにやってみましょう。

2 ためしにやってみる

よーい、スタート！（笛なし）

（足踏みを始める）

「よーい、スタート！」とは言いましたが、笛は吹いてないですよ。

あー！　まちがえた。

③ みんなでやってみる

 20秒間やりますよ。よーい、スタート！（笛をピーッ）

 みんな　（足踏みを始める）

 （何回か笛あり笛なしの動きと指示）

 はい、終わりです。おつかれさまでした！（笛なし）

 やっと終わった〜！（足踏みやめる）

 まだ終わってないよ！　笛吹いてない！　（足踏み続ける）

 はい、今終わりです！（笛をピーッ）

 めっちゃ疲れるよ〜。クタクタ〜

 いい汗かいた！

体育　うまく操れ！　フラフープ！

⭐106 コロコロフラフープ

ねらい 用具を操作する運動を通して、力加減やコントロール感覚を磨いていくあそびです。

あそびかた

先生

はじめのことば
フラフープを転がして、離れたコーンに入れるゲームをしましょう。入れたらゴールです。どうやったら、うまく操作できるかな？

1 ルールを確認する

①コーンに入ったら3点
②コーンに当たったら1点
③それ以外は0点

② やってみる

 時間は30秒です。よーい、スタート！

 あー外れた。0点。

 やった、次は当たった！　1点！

 やった！　いきなり3点だ！

 武田さん、何でそんなに上手なの？

③ ふりかえりをする

 フラフープをゴールさせるコツは見つかりましたか？

 真っ直ぐ転がすコツは見つけたけど、
なかなかコーンに入らないのが残念でした。

 コーンの高さを変えたら、もっと入りやすくなるかもしれないで
す。次はミニコーンでやってみたいな。

体育 体を支えて操って

⭐107 お手玉ホッケー

ねらい 運動会の玉入れ用の紅白のお手玉を使います。持続する運動をスピーディーに楽しく行えるあそびです。

あそびかた

はじめのことば
腕立て伏せの状態でチーム対抗でお手玉ホッケーをします。うまく身体を支えながら、相手のコートにお手玉をゴールさせましょう。難しい人はひざをついてもいいですよ。

先生

1 ルールを確認する

①お手玉が相手のマーカー（ミニコーンでもよい）の内側を通り抜けたらゴールです。腕立てしながら相手のお手玉はキャッチして防ぎます。
②お手玉がマーカーより外に出てしまった時は、腕立て伏せの体勢を崩して、お手玉を取りに行っても構いません。
③点数を多く入れた方の勝ちです。

いっぱいゴールしてやるぞ！

マーカーは手を伸ばすと
届く位置に

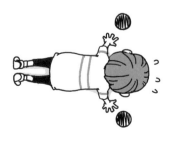

② やってみる

時間は1セット30秒です。それではやってみましょう！

うわ、外れちゃった！

よし、キャッチできたぞ！

やったー！　ゴールした！

③ ふりかえりをする

やってみてどうでしたか？

プレイしている時は気付かなかったけど、
結構腕がパンパンです。

右手でフェイントを入れて左手でシュートしたり、ゴールしやす
くなるような戦略を立てながらやりました。

体育 落とさず逃げろ！

108 新聞おにごっこ

ねらい　変則的なおにごっこを通して、走ることを楽しみます。

あそびかた

はじめのことば
今から新聞を使っておにごっこをします。鬼じゃない人たちは新聞を身体に着けます。鬼チームは新聞を着けずに追いかけます。

先生

1 ルール確認をする

鬼じゃない人たちは、新聞を落とすか、タッチされたら、その場に座ってください。鬼じゃない人たちが全員座ったら、鬼チームの勝ち。1人でも逃げ切れたら、鬼じゃない人たちの勝ちです。

2 やってみる

それではやってみましょう。よーい、スタート！

わぁ、ダッシュしたら新聞落ちた！

少し休憩したら、新聞落ちちゃった。

③ ふりかえりをする

 新聞あると走りにくいね。

 新聞あっても速く走る方法見つけたかも！

 ずっと走ってたら新聞落ちにくいよ。

新聞は1枚だけを身体の前に　　　テープなど使わず風圧で
　　　　　　　　　　　　　　　　密着するように走ります

※安全面を考え、運動場など広い場所でしましょう。
参考文献：為末大『DVD付き　為末式かけっこメソッド　子どもの足をすぐに速
　　　　　くする！』（扶桑社、2013）

子どもが楽しく ワクワク するコツ！

●人数は、鬼チーム：新聞チーム＝1：2くらいがちょうどいいです。
●時間を長くする場合は、新聞チームの割合を増やし、時間を短くする場合は、
　鬼チームの人数を増やすと盛り上がります。
●同人数の2チームに分けて、30秒で鬼と新聞を交代し、タッチされた人数が
　少ない方が勝ちの対抗戦にしてもおもしろいです。

家庭　いつも食べている!?　知ってるようで知らない材料

★109 できる料理はなーんだ

ねらい　料理や食材への興味・関心が高まるあそびです。

あそびかた

はじめのことば
これから、先生がある料理の材料を言います。みなさんは、何の料理か考えて答えてください。その後、みんなに問題を作ってもらいます。

先生

1 例を示す

豚肉、キャベツ、卵、紅ショウガ、薄力粉。

薄力粉 ???

先生！　ヒントください。

ではもう1つ材料を追加します。
かつおぶし。

かつおぶし ???

もう1つは青のり。さらにソース！

わかった！　お好み焼き。

正解！

② クイズを考える

 では、クイズを作ってみましょう。

 （カレーにしたいな）にんじん、じゃがいも、たまねぎ……

③ クイズを出し合う

 クイズを出してください。（挙手）では○○さん。

 材料を発表します。牛肉、タマネギ、ジャガイモ、デミグラスソース、赤ワイン……

 デミグラスソース??? わかった！　ハンバーグ！

 違います。 ヒントをください。

 一口大の牛肉です。 ビーフシチュー！

 正解です。

子どもが楽しく ワクワク するコツ！

● 普段食べている料理の材料を調べることで食に関して興味・関心が湧きます。外食メニューや加工食品などを調べることで気が付かなかった材料や添加物などにも気が付くことができ、家庭科や食育の導入としても活用することができます。